DAVID ALDERTON

Sprich mit deinem Hund

Fotos von Jane Burton und Kim Taylor

KOSMOS

Impressum

Englische Originalausgabe 2004 erschienen bei Marshall Edition unter dem Titel: »How to talk with your Dog«.
Herausgegeben, entwickelt und gestaltet von Marshall Editions.

Umschlaggestaltung von eStudio Calamar unter Verwendung von 4 Farbfotos von Jane Burton und Kim Taylor und unter Verwendung von 3 Fotos von Christof Salata/Kosmos.

Mit 115 Fotos von Jane Burton und Kim Taylor (Warren Photgraphic)

Bibliografische Information Der Deutschen Bibliothek
Die Deutsche Bibliothek verzeichnet diese Publikation in der Deutschen Nationalbibliografie; detaillierte bibliografische Daten sind im Internet über http://dnb.ddb.de abrufbar.

Alle Angaben in diesem Buch sind sorgfältig geprüft und erfolgen nach bestem Wissen und Gewissen. Sorgfalt bei der Umsetzung ist indes dennoch geboten. Der Verlag und der Autor übernehmen keinerlei Haftung für Schäden, die aus der Anwendung der vorgestellten Methoden oder Materialien entstehen können.

Gedruckt auf chlorfrei gebleichtem Papier

Aus dem Englischen übersetzt von Kerstin Keller
Für die deutsche Ausgabe:

ISBN 3-440-10140-1
Redaktion: Alice Rieger
Produktion: Kirsten Raue / Markus Schärtlein
Printed in China / Imprimé en Chine

Inhalt

Wie Hunde mit uns reden 46–87

Wie Sie sich mit Ihrem Hund verständigen 88–123

Zu diesem Buch

Die Beziehung zwischen Hunden und Menschen ist einzigartig. Sie besteht schon seit über 100 000 Jahren – seit Beginn des Domestikationsprozesses. Aufgrund ihrer hohen Anpassungsfähigkeit wurden Hunde zu treuen Gefährten des Menschen und halfen ihm auf vielfältige Weise, beispielsweise bei der Jagd, beim Schafehüten, als Wachhund oder einfach als liebenswerter Kamerad.

Hundesprache

Die Vorfahren unserer Hunde haben ihren Teil dazu beigetragen, dass sich der Hund zu einem der beliebtesten Haustiere entwickelte, denn alle Haushunde stammen vom Wolf ab und Wölfe sind von Natur aus sehr gesellig und leben in Rudeln zusammen.

Über Generationen hinweg wurden die menschenbezogensten Hunde für die Zucht ausgewählt und daher fällt es unseren heutigen Hunden leicht, sich problemlos in die Familie zu integrieren.

Im Gegensatz zum Menschen, der sich überwiegend mit der Stimme verständigt, hat der Hund ein anderes, komplexeres System entwickelt. Hunde teilen sich über Gerüche und über die Körpersprache mit. Über die Gerüche erkennen sie Alter, Geschlecht und sozialen Status des anderen Hundes, während die Körpersprache den augenblicklichen Gemütszustand ausdrückt. Zahlreiche Ausdrucksformen zeugen von einem extrem gut ausgebildeten Kommunikationssystem.

Freude, Ärger, Warnung, Angst und Aggression: All diese Gefühle teilt der Hund durch Mimik und Gestik mit.

Für jeden Hundehalter, der das Verhalten seines Hundes verstehen möchte, ist es äußerst wertvoll, die Signale der Körpersprache zu erkennen und richtig zu deuten. Um die Hundesprache zu lernen, bedarf es nur ein wenig Beobachtungsgabe und etwas Geduld. Die Kenntnis bringt viele Vorteile mit sich und erlaubt Ihnen, sich effektiver mit Ihrem Hund zu verständigen. Im Laufe dieses Buches werden Sie Folgendes erfahren:

- Woran Sie erkennen, dass Ihr Hund sich langweilt, und wie Sie ihn beschäftigen.
- Wie Sie Konflikte mit anderen Hunden vermeiden.
- Warum Ihr Hund am Haus und im Garten markiert und wie Sie es unterbinden können.
- Wie Sie vermeiden, dass Ihr Hund in Ihrer Abwesenheit bellt und die Nerven Ihrer Nachbarn strapaziert.
- Wie Sie erkennen, wovor Ihr Hund Angst hat, und wie Sie ihm die Angst nehmen können.
- Wie Sie anhand der Mimik und des Ohrenspiels erkennen, was Ihr Hund denkt und fühlt.

- Wie Sie den Hund füttern, ohne dass Futterneid und Aggressionen entstehen.
- Warum Welpen betteln und wie Sie vermeiden, dass Betteln zur Gewohnheit wird.
- Warum ältere Hunde Schwierigkeiten haben, nachts zur Ruhe zu kommen.

Die Erziehung nimmt eine wichtige Rolle für den verantwortungsbewussten Hundehalter ein. Um den Hund erfolgreich zu erziehen, ist es wichtig, zu verstehen, wie der Hund die Welt wahrnimmt. Nur wenn Sie die Hundesprache richtig deuten können, sind Sie in der Lage, Ihren Hund in vollem Maße zu integrieren und Probleme zu bewältigen, die im Trainingsprozess auftreten können.
Wenn Sie mit Ihrem Hund kommunizieren, werden Sie mehr Freude miteinander haben, da Sie das Verhalten Ihres Hundes verstehen und sich effektiver mit ihm verständigen können. Dadurch geben Sie ihm ein Gefühl von Sicherheit. Das Ergebnis ist eine intensivere Bindung und besseres Verständnis zwischen Ihnen und Ihrem Hund.

GUTE VERSTÄNDIGUNG

Gute Verständigung unter Hunden ist sehr wichtig, um Gefahr von Spiel unterscheiden zu können. Hunde, die gemeinsam aufwachsen und sich gut kennen, gehen sehr vertrauensvoll miteinander um.

Wie Hunde miteinander sprechen

Hunde sind Rudeltiere, so wie ihre Vorfahren, die Wölfe. Wölfe kommunizieren innerhalb des Rudels, um sich zu verständigen, Konflikte zu vermeiden, ihre Welpen aufzuziehen und um die Jagd auf Beutetiere zu koordinieren. Unsere Haushunde verständigen sich auch heute noch mit denselben Ausdrucksweisen, obwohl sie inzwischen in „Menschenrudeln" leben. Um sich mitzuteilen, setzen Hunde ihre Mimik und Gestik ein. Welpen lernen die komplexe Körpersprache bereits von klein auf.

Die Evolution der Sprache

Wölfe und Hunde haben eine gemeinsame Sprache, die aus Körperhaltung, Mimik, Ohrenstellung und Schwanzhaltung besteht. Während die Körpersprache an sich angeboren ist, bringt die Hündin ihren Welpen die Feinabstimmung bei. Das Spiel nimmt beim Lernprozess eine bedeutende Rolle ein, da es den Welpen ermöglicht, die Hundeetikette in vertrauter Umgebung zu erlernen. Das Foto auf der linken Seite zeigt zwei Wurfgeschwister beim Spielen. Obwohl es auf den ersten Blick wie ein Angriff aussehen mag, verrät die entspannte Körperhaltung des sitzenden Hundes mit den nach hinten angelegten Ohren und dem geschlossenen Maul, dass sie nur miteinander balgen. Haushunde haben zwar noch viele Gemeinsamkeiten mit Wölfen, doch durch die Bindung zum Menschen hat sich die Bedeutung einiger Ausdrucksweisen verändert. Manche Fähigkeiten, die zum Überleben in der Wildnis notwendig waren, haben in der häuslichen Umgebung an Bedeutung verloren. Gleichzeitig haben sich andere Eigenschaften in der Mensch-Hund-Gemeinschaft als nützlich erwiesen und sich vermehrt herausgebildet, wie z.B. das Bellen als Warnung vor Gefahr.
Das primäre Verständigungsmittel zwischen Hunden, egal ob zwischen einer Hündin und ihren Welpen oder bei der Begegnung zweier erwachsener Hunde, ist nach wie vor die Körpersprache – eine Kommunikationsform, die teilweise vererbt, durch Spiel gelernt und immer weiter verfeinert wird.

Verständigung über den Geruch

Wölfe sind als Raubtiere stark auf ihren Geruchssinn angewiesen. Durch ihn können sie Beutetiere über große Distanzen wittern oder aber Duftbotschaften anderer Rudelmitglieder lesen. Bei unseren Hunden erkennt man diese Art der Kommunikation am deutlichsten durch Urinmarkierungen. Doch auch für die Beziehungen unter Hunden spielt der Geruchssinn eine wichtige Rolle, z.B. wenn sie sich bei Begrüßungen beschnuppern.

1

Warum kommunizieren für Hunde so wichtig ist

Die Kommunikation nimmt bei Hunden eine wichtige Stellung ein. Als Rudeltiere benötigen sie eine gemeinsame Sprache, mit der sie ihre Gefühle zum Ausdruck bringen und Konflikte innerhalb des Rudels auf friedliche Weise regeln können.

Der Alpha-Hund

Man kann aufgrund des Verhaltens erkennen, welcher Hund in einer Gruppe dominiert. Und dies muss – für manche Leser vielleicht überraschend – nicht unbedingt der größte und stärkste sein.

- Der dominante Hund sieht seinen Rivalen direkt an. Dieser reagiert, indem er dem Blick ausweicht.
- Der überlegene Hund tritt sehr selbstbewusst auf. Er trägt seinen Schwanz erhoben, während sich der unterlegene zusammenkauert und Anstalten macht, sich zurückzuziehen.
- Hunde zeigen ihre Unterlegenheit gegenüber dem Alphatier in Form von Demutsgesten, indem sie sich über die Schnauze lecken, dem Blick ausweichen oder sich auf den Rücken legen.

Der dominante Hund behält den Blickkontakt bei und trägt seinen Schwanz hoch erhoben.

Der unterlegene Hund vermeidet den Blickkontakt und duckt sich, um sich klein zu machen.

Spielerische Kämpfe

Hunde, die sich gut kennen, kämpfen oft auf spielerische Weise miteinander. Beide Hunde behalten sich dabei ständig im Auge, sodass die Verständigung nicht unterbrochen wird. Im Spiel wechseln aggressive und defensive Ausdrucksweisen in Sekundenschnelle: Knurren und Spielaufforderungen, auf den Rücken rollen und Zähne blecken, jagen und gejagt werden sind häufige Elemente. Spielerische Kämpfe ermöglichen den Hunden, ihre Kampftechnik zu entwickeln. Sie lernen sich zu bewegen, die Balance zu halten und die Stärken und Schwächen des Gegners einzuschätzen.

- In spielerischen Kämpfen verwenden Hunde ihre Vorderpfoten, um den Gegner auf Distanz zu halten.
- Ziel ist es, den Gegner in den Hals zu beißen, ohne ihn zu verletzen.

Rudelgröße bei Wölfen und ihre Beute

Die Rudelgröße hängt sowohl von der Reviergröße als auch von der natürlichen Beute im Lebensraum ab. Im Norden Kanadas, wo Elche zur Hauptbeute der Wölfe zählen, sind die Rudel größer als in Europa. Auch die einzelnen Rudelmitglieder sind größer, um ihre Beute erlegen zu können.

Um die Jagd auf Beute zu koordinieren, ist eine gute Verständigung unter den Wölfen wichtig. Ohne Koordination ist das Risiko, dass eines der Rudelmitglieder verletzt oder gar getötet wird, sehr viel höher.

In manchen Teilen Europas existiert die soziale Rudelstruktur wegen der Verfolgung durch den Menschen nicht mehr, so dass die wenigen überlebenden Wölfe oftmals einen opportunistischen Lebensstil führen: Sie suchen nach Fressbarem – an der Seite von Straßenhunden, mit denen sie sich ab und zu paaren.

KLEINE RANGELEIEN
Die Körpersprache dieser Hunde verrät, dass sie nur spielerisch miteinander kämpfen.

Die Ohren sind nach hinten gezogen, die Maulspalte lang, der Schwanz abgesenkt. Im Spiel hat er den unterlegenen Part.

Kurze Maulspalte, direkter Blick, erhobener Schwanz: Er ist ein selbstbewusster Hund. Die Nackenhaare sind nicht aufgestellt.

Die Vorderpfote ist fast schon beschwichtigend erhoben.

Hier sieht man noch einmal schön die Rutenhaltung: Der rechte Hund trägt sie oben, der linke hat sie abgesenkt.

1

Wie sich Welpen verständigen

Welpen kommen blind und taub zur Welt. Sie sind jedoch in der Lage, Wärmequellen zu erkennen. Durch Pendelbewegungen mit dem Kopf robben sie auf die nächstbeste Wärmequelle – meist die Mutter – zu und suchen nach einer Zitze. In den ersten Welpenwochen heißt es trinken, schlafen und wachsen. Ab dem 13. Lebenstag öffnen sich Augen und Gehörgänge.

Die Entwicklung der Welpen

In den ersten Lebenstagen passiert noch nicht allzu viel: Die Kleinen trinken, schlafen und wachsen. Sie können ihren Wärmehaushalt noch nicht selbst regulieren und sind auf die Wärme der Mutter angewiesen. Um die Verdauung anzuregen, leckt die Mutter Bauch und Geschlechtsteile der Welpen und nimmt ihre Ausscheidungen auf.

Nach einigen Tagen können sich die Welpen auf ihren eigenen Beinchen fortbewegen, auch wenn sie noch etwas wackelig sind und oftmals unbeholfen auf den Rücken purzeln.

Ab dem 13. Lebenstag öffnen sich Augen und Gehörgänge. Allerdings müssen sich die Nervenbahnen erst vollständig entwickeln, ehe der Welpe seine Umgebung richtig wahrnimmt. Zu Beginn kann er keine Linien und Konturen erkennen.

Mit zunehmender Mobilität und Wahrnehmungsfähigkeit wächst die Neugier. Nun werden die Wurfgeschwister zu Spielgefährten und kräftig mit dem Mäulchen erforscht. Man kann auch erste Kommunikationsversuche durch allerhand unterschiedliche Töne hören.

Streicheln Sie die Welpen regelmäßig, damit sie sich an Berührungen gewöhnen.

Die ersten Lektionen

Viele Welpenbesitzer lernen ihr neues Familienmitglied erst kennen, wenn Sie es sich vom Züchter nach Hause holen. Sollten Sie das Glück haben, dass Ihr Züchter in der Nähe wohnt und Sie Ihren Welpen häufig besuchen dürfen, können Sie seine Entwicklung von den ersten Tagen an fördern. Nehmen Sie den Welpen täglich kurz in die Hand, streicheln Sie ihn und fassen Sie vorsichtig seine Pfötchen an. Das stimuliert die Entwicklung der Nervenbahnen. Sobald die Augen und Gehörgänge geöffnet sind, können Sie weiches Spielzeug in die Wurfkiste legen. Jetzt können die Welpen an dem Spielzeug schnuppern, darauf herumknabbern und erste Schemen erkennen. Auch unterschiedliche (nicht zu laute) Geräusche wecken das Interesse der Kleinen.

1

LEBENSWICHTIG
Der Tastsinn des Welpen ist lebenswichtig, um sowohl die Wärmequelle als auch die Zitzen zu finden.

Miteinander kommunizieren

1

In den ersten Wochen nimmt die Hündin eine maßgebliche Rolle in der Erziehung der Welpen ein. Von ihr lernen sie sozusagen die Hundeetikette, während der Vater, sofern er anwesend ist, kaum einbezogen wird und meist nicht sonderlich an seinem Nachwuchs interessiert ist. Die Welpen lernen, wie man miteinander umgeht, was Schwanzwedeln und was Knurren bedeutet.

Die Welpenkinderstube

Wenn die Mutter während der ersten drei Wochen nach der Geburt bemerkt, dass ihre Welpen in Gefahr sind oder sich vom Nest entfernt haben, wird sie sie im Nacken packen und zurücktragen. Nach der Nahrungsaufnahme leckt sie ihre Welpen, um deren Darm- und Blasenfunktionen anzuregen. Im Alter von drei Wochen können sie selbstständig laufen, entfernen sich jedoch nie zu weit von ihrer Mutter Der Folgetrieb in diesem Alter ist ein guter »Schachzug« der Natur.

Hundeväter haben keinen allzu engen Bezug zu ihrem Nachwuchs, obwohl sie manchmal mit den Welpen spielen, wenn sie älter sind.

▸ Normalerweise reagieren Welpen im Alter von drei Wochen auf Geräusche. Traurigerweise stellt die angeborene Taubheit bei manchen Rassen ein Problem dar, zum Beispiel bei Dalmatinern. Betroffene Welpen reagieren generell langsam (siehe Seite 44). Sie sind stark vom Geruchssinn und von den visuellen Reizen ihrer Geschwister abhängig .

▸ Die Augen der Welpen öffnen sich in der Regel im Alter von zwei Wochen. Nun können die Welpen ihre Umwelt bewusster wahrnehmen.

Früh übt sich

Nach drei Wochen beginnen die Welpen, ihre Umwelt neugierig zu erkunden. Die Welpen sind jetzt viel agiler und spielen ausgelassen miteinander. In diesem Zeitraum lernen sie wichtige soziale Fähigkeiten von ihrer Mutter und ihren Geschwistern. Was sie in den kommenden Wochen lernen, bleibt ein Leben lang erhalten.

1

Die Sozialisierungsphase

Die Sozialisierungsphase der Welpen dauert von der vierten bis zur 16. Woche. Alles was sie während dieses Zeitraums lernen, behalten sie für den Rest ihres Lebens. Was sie nicht kennen lernen, macht ihnen später Angst. Daher ist es wichtig, den Welpen mit möglichst vielen Dingen zu konfrontieren. Er sollte jetzt viel Kontakt mit unterschiedlichen Menschen haben, damit er nicht scheu wird. Nun ist auch der richtige Zeitpunkt gekommen, ihn an andere Haustiere wie Katzen oder Kaninchen zu gewöhnen. Unternehmen Sie Ausflüge mit ihm: Gehen Sie beispielsweise an Kuh- und Pferdeweiden vorbei oder sehen Sie sich Rehe in einem Wildpark an. Auch Bus fahren oder ein Stadtbummel helfen ihm, viele neue Eindrücke zu sammeln und zu lernen, dass die Welt nicht gefährlich ist. Achten Sie immer darauf, dass alle neuen Eindrücke in einem positiven Zusammenhang stehen. Gehen Sie mit Ihrem Welpen in eine Welpenspielgruppe, sodass er mit seinen Artgenossen toben und ganz nebenbei seine Hundesprache verfeinern kann.

1

Gemeinsam aufwachsen

Welpen schlafen sehr viel. Wenn sie wach sind, spielen sie ausgiebig mit ihren Geschwisterchen. Bei den Spielen geht es darum, die Kräfte zu messen, die Koordination zu festigen und die Köpersprache des anderen zu deuten. Was für uns wie ungestümes Herumtollen aussieht, birgt eigentlich wichtige Lektionen fürs Leben.

Spielregeln unter Hunden

Welpen bekommen mit etwa drei Wochen ihre ersten Milchzähne und nehmen bald darauf feste Nahrung zu sich. Mit ihren spitzen Zähnchen kauen sie auf allem herum, was in Reichweite ist – auch die Mutter oder ein Brüderchen werden angenagt. Doch dabei lernen sie schnell, ihren Biss zu dosieren, denn ein kurzes Aufjaulen des Spielkameraden signalisiert, dass sie besser loslassen sollten. Lockern sie ihren Biss nicht, wird der Gebissene zurück-

RINGKÄMPFE
Der Welpe auf der rechten Seite hat sein Geschwisterchen geärgert. Dieser zieht sich mit eingezogenem Schwanz zurück.

beißen. Das tut dem beißenden Welpen weh und er wird loslassen, um ebenfalls aufzujaulen. So lernen beide, dass man nach einem Aufjaulen besser loslässt, da es sonst wehtun wird. Beim nächsten Mal werden die Zähnchen schon etwas vorsichtiger eingesetzt. So trainieren Hunde untereinander die Beißhemmung. Trainieren Sie mit, indem Sie laut aufheulen, wenn sich die kleinen Milchzähnchen in Ihre Hand schlagen. Ihr Welpe muss von klein auf lernen, dass menschliche Haut für Hundezähne tabu ist.

Erste Erkundungen

Wenn die Welpen heranwachsen, erkunden sie in zunehmendem Maße ihre Umgebung. Es spricht nichts dagegen, dass sie ihre häusliche Umgebung auskundschaften, doch sollten Sie die kleinen Racker im Auge behalten, um sie vor Gefahren zu schützen. Schreiten Sie ein, wenn einer der Welpen zielsicher die Kellertreppe anvisiert oder der nächste ausprobieren möchte, wie ein Stromkabel schmeckt. Mache Sie Ihre Wohnung welpensicher!

Unterwerfen

Kämpfen zwei junge Hunde miteinander, wird sich der Unterlegene meist freiwillig auf den Rücken drehen, um seine Unterwerfung zu signalisieren. Daraufhin wird der Stärkere von ihm ablassen und durch ein Knurren dicht am Hals des anderen prüfen, ob er die Unterwerfung ernst meint. Rührt sich der Hund nicht und zeigt weitere Demutsgesten, wie über die Schnauze lecken, gibt der Überlegene dem Verlierer die Möglichkeit sich zurückzuziehen.
Viele Beschwichtigungsgesten, wie beispielsweise das Auf-den-Rücken-Legen, haben ihren Ursprung in der Welpenzeit. Die Kleinen drehen sich auf den Rücken, damit die Hündin besser an den Bauch herankommt, um durch Lecken den Verdauungsvorgang anzuregen. Im Laufe der Zeit ändert sich die Bedeutung. Bei jungen Hunden kann man oft beobachten, dass sie auf dem Rücken liegend urinieren und winseln.

Die beiden Welpen im Bild oben spielen. Im Spiel werden häufig Verhaltenssequenzen erprobt, die Hunde zur Verständigung brauchen. Später reichen dann oftmals schon Rituale, um Konflikte zu lösen.

Welpenerziehung nach Hundeart

Egal, ob Mischling oder Rassehund, ob Winzling oder Riese: Die Welpenentwicklung läuft bei allen Rassen nahezu gleich ab. Zwischen der achten und der zwölften Lebenswoche können Welpen von ihrer Mutter und ihren Geschwistern getrennt werden und in eine neue Familie ziehen.

Messerscharfe Milchzähne

Im Alter von drei Wochen bekommen die Welpen ihre ersten Milchzähne. Von nun an können sie feste Nahrung zu sich nehmen und werden vom Züchter zugefüttert. Die Zähnchen sind äußerst scharf und die Welpen kauen auf allem herum, was ihnen in die Quere kommt. Da sie ihre Zähne noch nicht dosiert einsetzen können, müssen sie zuerst lernen, wie fest sie zubeißen dürfen (siehe auch S. 15). Wird es der Hündin zu bunt, knurrt sie ihren beißenden Welpen an. Wenn er nicht von ihr ablässt, umfasst sie mit ihrer Schnauze das Maul des Welpen und drückt ihn kurz zu Boden. Diesen Griff bezeichnet man als Schnauzgriff und er bedeutet unter Hunden ein klares Nein. Dadurch lernt der Welpe auch die Bedeutung des Knurrens kennen. In Zukunft wird er sich auf das grummelnde Geräusch hin unterwerfen oder sich zurückziehen, bevor der Schnauzgriff nötig wird.

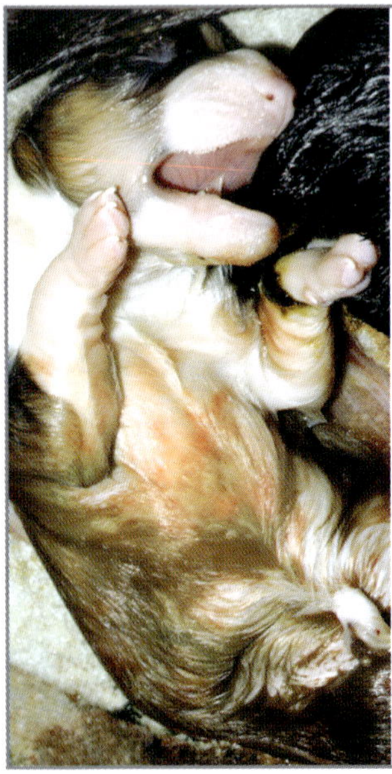

Verwaiste Welpen

Stirbt die Mutterhündin, ist es gar nicht so leicht, den Wurf von Hand aufzuziehen. Der Mensch muss die Hündin voll ersetzen: Die Kleinen müssen regelmäßig gefüttert und warm gehalten werden. Die Welpenbäuche brauchen eine regelmäßige Massage mit einem feuchten Handtuch, um die Verdauung anzuregen. Des Weiteren fehlt die von der Hündin erzeugte Kolostralmilch, die alle lebenswichtigen Abwehrstoffe enthält.
Doch die physische Versorgung ist noch nicht einmal das größte Problem: Die Hündin gibt den Welpen sehr viel hundliches Verhalten mit auf den Weg. Sie bringt ihnen die Bedeutung der einzelnen Kommunikationsformen bei, weist sie in ihre Grenzen, zeigt ihnen, was Knurren bedeutet und wie man Konflikten aus dem Weg geht. Selbst wenn wir Menschen den Wurf gesund großziehen, werden die Hunde später große Schwierigkeiten haben, anderen Hunden »normal« zu begegnen. Oftmals zeigen sie extremes Unterwürfigkeitsverhalten oder übertriebene Aggression und geraten häufig in Konflikte.

Milchbar geschlossen

Mit zunehmender Selbstständigkeit der Welpen zieht sich die Hündin immer mehr zurück. Sie lässt sie jetzt auch ein Weilchen allein und freut sich über Ruhe. Inzwischen legt sie sich auch nicht mehr zum Säugen hin, denn spitze Milchzähnchen sind äußerst unangenehm. Zu Beginn duldet sie es noch, wenn die Welpen trinken wollen, doch nach und nach geht sie den gierigen Rackern aus dem Weg, bis sie sie ganz abknurrt, sobald sie trinken wollen.

Mit acht Wochen ist die Zeit gekommen, in der die Welpen in ihr neues Zuhause ziehen. Es kann sein, dass sie sich zu Beginn ein wenig verloren vorkommen. Sie winseln und suchen nach ihrer Mutter und ihren Wurfgeschwistern.
Doch schon nach kurzer Zeit gibt es so viel Neues zu entdecken, dass sie sich problemlos in die neue Familie einfügen.

STREIK
Wenn die Hündin mit dem Säugen aufhört, stellen ihre Milchdrüsen die Funktion ein und treten optisch zurück.

Die Hündin meidet ihre Welpen, wenn sie trinken wollen.

Die Welpen geben schließlich auf und suchen sich ihr Fressen woanders.

1

Umzug in eine neue Familie

Mit acht Wochen sind die Welpen alt genug, um abgegeben zu werden und in ein neues Zuhause umzuziehen. Es ist ganz normal, dass sich der Welpe in den ersten Tagen etwas verloren fühlt. Schließlich wird er hier mit völlig unbekannten Gerüchen konfrontiert. Sie können ihm die Eingewöhnungsphase etwas erleichtern, indem Sie ihm eine Decke mitnehmen, die den Geruch der Mutter und der Geschwister trägt.

BEGEGNUNGEN
Zieht der Welpe um, ist alles neu für ihn: neue Möbel, neue Menschen, neue Gerüche. Wenn Sie noch andere Haustiere besitzen, sollten Sie alle vorsichtig aneinander gewöhnen. Die Tiere sollten sich möglichst auf neutralem Terrain begegnen. So kann verhindert werden, dass das Tier mit den älteren Rechten den Neuankömmling sofort als Eindringling und somit als Bedrohung empfindet. Geben Sie Ihrem Welpen genügend Zeit, seine neue Umgebung und eventuell seine neuen Kameraden ausgiebig zu beschnüffeln, und bleiben Sie bei ihm, um bei möglichen Konflikten schnell eingreifen zu können. Der Kleinen soll sich schließlich nicht gleich zu Tode erschrecken.

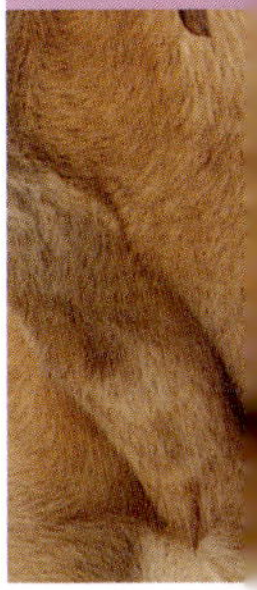

Keine Zeit verlieren

Wie Sie bereits gelesen haben, liegt die Sozialisierungsphase zwischen der vierten und der 16. Woche. In dieser Zeit sollte der Welpe möglichst viel von dem kennen lernen, was er im späteren Leben braucht. Ein guter Züchter hat bereits den Grundstein gelegt, doch das genügt nicht. Also zögern Sie nicht und unternehmen Sie mit Ihrem Welpen möglichst viel. Idealerweise haben Sie sich schon vor dem Kauf Gedanken gemacht und aufgeschrieben, was Ihnen wichtig ist, und sind in eine Welpenspielgruppe eingetreten, denn Sie haben keine Zeit zu verlieren.

Die Erziehung des Hundes beginnt an dem Tag, an dem Sie ihn zu sich nach Hause nehmen. Zu Beginn steht die Stubenreinheit auf dem Programm. Beobachten Sie ihn ganz genau, besonders nach den Mahlzeiten, und tragen Sie ihn hinaus, sobald er unruhig wird und sich hinkauern will. Loben Sie ihn überschwänglich, sobald er sich draußen löst. Wenn Sie ihn konsequent beobachten und immer nach draußen bringen, wird er schnell begreifen, wo das richtige Örtchen ist.

Welpenspielgruppen

Der Umgang mit anderen Hunden ist für Welpen äußerst wichtig. Welpenspielgruppen sind ideal, da die Hunde mit gleichaltrigen und etwas älteren Hunden toben können und dabei ihr Sozialverhalten trainieren. Passen Sie jedoch auf, dass Ihr Hund nicht unter die Pfoten eines Rüpels kommt, der sich einen Spaß daraus macht, Ihren Welpen zu drangsalieren. Trennen Sie die beiden, denn schließlich soll Ihr Kleiner keine schlechten Erfahrungen machen und keine Angst vor anderen Hunden bekommen. Gut geführte Welpengruppen beraten Sie auch in allen Fragen rund um die Erziehung.

Warum Hunde so verschieden sind

Der Wolf, das am weitesten verbreitete Säugetier der nördlichen Hemisphäre hat sich als äußerst anpassungsfähig erwiesen. Diese Anpassungsfähigkeit wurde gezielt eingesetzt und einzelne Individuen wurden für bestimmte Aufgabengebiete weitergezüchtet. Es bildeten sich Jagdhund-, Hütehund-, Schoßhund- und Wachhundgruppen.
Jagdhunde werden in selbstständige Jäger und Jagdhunde unter Führereinfluss unterteilt. Zu den selbstständigen Jägern gehören Windhunde und Meutehunde, die das Wild über weite Distanzen hinweg aufspüren. Zu den Jagdhunden unter Führereinfluss zählen Vorsteh-, Stöber- und Fährtenhunde, die dem Jäger zur Seite stehen.
Hütehunde wurden zur Bewachung und zum Hüten von Schafherden eingesetzt, während Schoßhunde als Gesellschaftstiere der Adeligen gehalten wurden, um ihnen die Zeit zu vertreiben. Wachhunde dienten zur Bewachung von Hab und Gut.

Eine Frage des Charakters

Die Charaktere von Welpen sind recht unterschiedlich. Es ist für den zukünftigen Hundebesitzer von Vorteil, den Wurf zu beobachten und zu überlegen, welcher der Kleinen am besten zu ihm passt. Ist man sich nicht sicher, sollte man sich auf das Urteil des Züchters verlassen; er kennt seine Pappenheimer.

Unterschiedliche Charaktere

Hunde haben ganz verschiedene Charaktere. Natürlich unterscheiden sich die Hunde von Rasse zu Rasse, doch selbst innerhalb eines Wurfes kann man lauter kleine Individualisten erkennen. Bei der Auswahl sollte man darauf achten, dass der Welpe in die Familie passt. Haben Sie eine Familie mit kleineren Kindern, sollten Sie einen robusten Burschen wählen. Zu einem älteren Ehepaar passt eher ein sensiblerer Hund, der nicht ganz so wild und bewegungsfreudig ist. Wenn Sie die Kleinen über einen längeren Zeitraum hinweg beobachten, können Sie die verschiedenen Charaktere der Welpen recht gut erkennen:

- Der eine ist ein kleiner Draufgänger, der immer als Erster auftaucht und seine kleine Schnauze überall hineinstecken muss.
- Der zweite gehört zu der schüchternen Sorte, die lieber abwartet, ehe sie sich traut. Beim Spielen mischt er nicht ganz so wild mit wie seine Geschwisterchen.
- Der dritte ist ein kleiner Wirbelwind. Bei allen Laufspielen ist er immer vorn und hüpft wie ein Gummiball durch die Wufkiste, während der vierte eher ein gemütlicher Moppel ist, der am liebsten frisst.

Die Rudelstruktur der Wölfe

Wenn man die Rudelstruktur der Wölfe betrachtet, kann man eine klare Hierarchie erkennen. Das Wolfsrudel besteht aus einem Alpharüden und einer Alphafähe. Sie sind die einzigen im Rudel, die sich paaren. Die anderen Rudelmitglieder stehen weiter unten im Rang und sind für die Welpenaufzucht und die Jagd mitverantwortlich. Meist sind es die älteren Nachkommen des Alphapaares, die im Alter von drei Jahren abwandern und sich einen Fortpflanzungspartner suchen. Wenn ein Alphawolf angeschlagen ist oder stirbt, wird ein anderes Tier den Rang einnehmen. Das Rudel ist auf diese Rollenverteilung angewiesen, um effektiv zusammenarbeiten zu können. Unsere Haushunde verhalten sich ganz ähnlich und erkennen soziale Familienhierarchien an. Sonst würde das Zusammenleben zwischen Mensch und Hund nicht so gut funktionieren.

Der Schwanz ist unternehmungslustig aufgestellt und wippt lustig hin und her.

Er gehört zu den Frechen, die gern kleine Rangeleien anzetteln. Er hat den Schalk im Nacken und ist für alle Unternehmungen zu haben. Ein dynamisches Herrchen würde gut zu ihm passen, denn wenn ihm langweilig wird, denkt er sich sein eigenes Programm aus.

Dieser Welpe ist eher ein Gemütstier, der sich viel gefallen lässt.

SPIELBEOBACHTUNGEN
Im Spiel kann man oft die unterschiedlichen Hundetypen erkennen. Allerdings sollte man sie über einen längeren Zeitraum beobachten, da sie ihre Rollen im Spiel wechseln.

Charaktersache

Der Charakter eines Hundes wird zwar durch seine Entwicklung, seine Sozialisierung, seine Erfahrungen und seine Erziehung geformt, doch die angeborenen Grundstrukturen ändern sich nicht. Ein ängstlicher Hund z.B. wird durch einen souveränen Besitzer an Sicherheit gewinnen, doch aus ihm wird nie ein mutiger Draufgänger. Bei der Wahl Ihres Welpen sollten Sie sich vorher Gedanken machen, was Sie wollen und was zu Ihnen passt. Sprechen Sie mit Ihrem Züchter über Ihre Vorstellungen und Ihre Lebensumstände. Meistens findet er zielsicher den Richtigen aus seinem Wurf heraus.

Duftbotschaften lesen

Während der Mensch eher ein visueller Typ ist, verlässt sich der Hund ganz auf seine Nase. Durch sein Riechorgan empfängt er tausende Gerüche, die er in einem speziellen Geruchszentrum im Gehirn verarbeitet. Gestank gibt es für ihn nicht und die meisten Gerüche enthalten eine Botschaft. So weiß er, wann das Reh den Weg gekreuzt hat und dass ein leckeres Wurstbrötchen ins Gebüsch geworfen wurde. Doch Gerüche dienen auch zur Kommunikation: So sagt eine Urinmarke am Laternenpfahl, welcher Hund hier wann vorbeiflaniert ist.

Das Revier abstecken

In der heutigen Zeit leben Hunde auf viel engerem Raum zusammen als ihre Vorfahren, bei denen das Rudel ein großes Revier abstecken konnte. Die Zeiten der endlosen Weite sind für unsere Haushunde schon lange vorbei. In jedem Stadtpark sind Begegnungen mit anderen Hunden an der Tagesordnung und die Grenzen haben sich ein wenig verschoben. Die meisten Hunde betrachten ihre eigenen vier Wände und den Garten als ihr Territorium, doch das Auslaufgelände wird geteilt. Begegnen sich zwei Hunde im Park, werden sie sich gründlich beschnuppern: erst an der Schnauze, dann an der Flanke und im Genitalbereich. Ist das erledigt, gehen sie meist ihrer Wege. Hunde, die sich regelmäßig begegnen, können je nach Sympathie eine Beziehung zueinander aufbauen und miteinander spielen. Können zwei Hündinnen sich nicht »riechen«, werden

sie in Zukunft einen Bogen umeinander schlagen und den anderen ignorieren.

Informative Spaziergänge

Hunde nehmen sich auf Spaziergängen viel Zeit, um wichtige Gerüche aufzunehmen, denn die Markierung eines anderen Hundes beinhaltet zahlreiche Informationen. So erfährt der Schnuppernde, wer vor kurzem vorbeigekommen ist, ob es ein Rüde oder eine Hündin war, wie alt er ist und welchen sozialen Status er einnimmt. Es kann passieren, dass Ihr Hund aufgrund eines Geruchs seinen Rivalen erkennt und nicht weitergehen möchte, obwohl Sie weit und breit nichts erkennen.

WER WAR HIER?
Hunde setzen ihren Geruchssinn ein, um andere Hunde, die sich in der Gegend aufhalten, zu erkennen. Gut sozialisierte Tiere freuen sie sich normalerweise, wenn sie einen Artgenossen treffen.

Passionierte Jäger

Da der Geruchssinn des Hundes viel ausgeprägter ist als beim Menschen, können wir nur selten nachvollziehen, was der Hund soeben gerochen hat. Anhand der Reaktionen des Hundes können wir seine Wahrnehmung nur erahnen.
In wildreichen Gebieten zum Beispiel gerät so manch jagdeifriger Hund in Verzückung, wenn er eine frische Hasenspur in die Nase bekommen hat. Durch die in der Luft hängenden Duftmoleküle kann er problemlos abschätzen, wie alt die Fährte ist und ob es sich lohnt, ihr zu folgen, oder nicht. Denn nur die frische Fährte bietet Aussicht auf Jagderfolg, und so macht es unter evolutionären Gesichtspunkten Sinn, die jüngste Fährte zu wählen.
Ihr Hund ist nun ganz aufgeregt, die Nase senkt sich zu Boden, und wenn Sie nicht schnellstens eingreifen, vergisst er in seinem Jagdeifer alles Erlernte und folgt der Spur. Gehört Ihr Hund zu den passionierten Jägern, sollten Sie sicher sein, dass er Ihnen gehorcht und auf Ruf zurückkommt. Ansonsten sollten Sie ihn an der Leine lassen.

Duftnachrichten hinterlassen

Hunde lesen nicht nur die Duftbotschaften der anderen, sondern hinterlassen auch Nachrichten, die auf ihre Anwesenheit hinweisen. Dieses Verhalten stammt von ihren Vorfahren, den Wölfen, die mit Urin-Markierungen die Grenzen ihres Territoriums abstecken.

Die Bedeutung von Gerüchen

Der Geruch ist eines der wichtigsten Kommunikationsmittel des Hundes. In seiner Fähigkeit, Gerüche zu erkennen und zu unterscheiden, übertrifft er den Menschen um ein Vielfaches. Diese Fähigkeit hat sich der Mensch auf vielerlei Arten zunutze gemacht: Hunde werden beispielsweise als Drogenfahnder, Lawinenhunde, Gepäckkontrolleure und Jagdhelfer eingesetzt.

Duftmarkierungen

Rüden heben ihr Hinterbein, um an Bäumen, Straßenlaternen und ähnlichen Gegenständen ihre Urinmarke zu hinterlassen. Die Urinspur befindet sich so direkt auf Nasenhöhe der anderen Hunde und kann nicht verfehlt werden. Hündinnen hocken sich meist hin, doch es gibt auch Ausnahmen: Manche Hündinnen sind in der Lage, ebenfalls das Bein zu heben. Selbsichere Hunde kratzen anschließend mit den Pfoten auf dem Boden, um zusätzlich ein visuelles Zeichen zu setzen. Zwischen den Pfotenballen befinden sich Schweißdrüsen, und so hinterlässt der Hund neben dem optischen Signal noch eine weitere persönliche Komponente. Die Duftmarkierungen sind zwar noch nach ein paar Tagen zu erkennen, doch sie halten nicht ewig. Die Geruchsmoleküle verflüchtigen sich, ein starker Regenschauer wäscht sie ab oder Nachbars Fido erdreistet sich und »schreibt« einfach drüber. Daher frischen Hunde bei jedem Spa-

Analmarkierung

Hunde hinterlassen nicht nur in Form von Urinmarken wichtige Botschaften, auch ihr Kot übermittelt eine ganz persönliche Note. Links und rechts am After befinden sich die so genannten Analdrüsen, die den Ausscheidungen durch ein stark riechendes Sekret einen individuellen Geruch verleihen. Im Gegensatz zu Urinmarken werden die Häufchen auch nicht gleich beim nächsten Regenguss weggewaschen und können gut sichtbar platziert werden. Manche Hunde entpuppen sich als wahre Meister: Sie setzen ihr Häufchen sehr geschickt auf eine erhöht liegende Stelle am Rande einer Weggabelung, sodass alle vorbeikommenden Hunde förmlich darüber stolpern müssen.

Wenn sich zwei Hunde begegnen, beschnuppern sie sich auch am After. Über den Geruch des Analsekrets erhalten sie wichtige Informationen über den anderen: Alter, Geschlecht und sozialer Status können sozusagen abgelesen werden.

ziergang ihre Marken wieder auf. Urinmarken dienen jedoch nicht nur als Kommunikationsmittel, um zu hinterlassen, wer wo war und wie er gerade gelaunt ist, sondern auch um Reviergrenzen abzustecken. Daher verzieren vor allem Rüden sämtliche Ecken des eigenen Gartens – und die Grenzhecke zum hundehaltenden Nachbarn darf keinesfalls ausgespart werden! Dank der guten Erziehung bleibt das Wohnzimmer meist unberührt. Kommt Besuch mit einem fremden Hund, kann es passieren, dass Ihr Mobiliar ins Grenzensetzen einbezogen wird.

Besonderes Interesse gilt dem Urin einer läufigen Hündin. Durch Hormone signalisiert sie ihre Paarungsbereitschaft, zieht dadurch Rüden von nah und fern an und bringt den eingesperrten Nachbarrüden um den Verstand.

Bellen

1

Hunde bellen aus verschiedenen Gründen, zum Beispiel um vor einer Gefahrenquelle zu warnen oder um ihr Herrchen oder Frauchen auf ihre Bedürfnisse aufmerksam zu machen. Bellt ein Hund, stimmen die Hunde aus der Nachbarschaft häufig mit ein. Ähnlich wie beim Heulen entsteht fast so eine Art »Gruppenzwang«.

MITEINANDER IN KONTAKT BLEIBEN
Oftmals bellt ein Hund, der für längere Zeit allein gelassen wird, viel, um auf sich aufmerksam zu machen.

Hunde bellen in verschiedenen Situationen und aus unterschiedlichen Gründen. Sie setzen das Bellen zur Begrüßung, als Spielaufforderung, als Drohung, zur Verteidigung oder zur Kontaktaufnahme ein. Hunde bellen viel häufiger als Wölfe. Das mag daher kommen, dass nur die bellfreudigsten Exemplare über Generationen hinweg als Wächter gezüchtet wurden. Denn ein Hund, der bei Gefahr stumm blieb, half dem ungeschützten Menschen wenig. Das Bellverhalten ist auch rasseabhängig. Der Spitz, der über Jahrhunderte als wachender Hofhund gezüchtet wurde, äußert sich viel häufiger als ein Basenji. Allerdings gibt es auch große Unterschiede innerhalb einer Rasse.

- Viele Hunde bellen den Briefträger an. Sie sehen in ihm einen Eindringling, den es zu verjagen gilt. Da der Postbote nach dem Bellen stets wieder verschwindet, sehen sie sich als erfolgreicher Revierverteidiger bestätigt. Das Bellen bei künftigen Zustellungen ist vorprogrammiert.
- Auch Langeweile oder Unausgelastetsein gelten als Ursache für häufiges Bellen. Meist sind die Nachbarn der Hundehalter nicht sehr begeistert.
- Die Körperhaltung unterstützt die Botschaft des Bellens. Einem Drohbellen wird meist durch hochgezogene Lefzen, aufgestellte Nackenhaare, durchgedrückte Beine und einem erhobenen Schwanz Ausdruck verliehen.

Einem Hund das Bellen beibringen

Es ist recht einfach, dem Hund das Bellen beizubringen, und geschieht meist unfreiwillig. Hier ein Beispiel: Der Hund befindet sich im Garten und möchte wieder ins Haus. Zufällig bellt er und die Tür geht auf, da sein Besitzer sehen will, was los ist. Beim nächsten Mal bellt der Hund wieder und hat Erfolg. Nach einigen Wiederholungen verbindet er das Bellen mit dem Türöffnen. Will man ihm das Verhalten wieder abgewöhnen, hilft nur eins: Ignorieren Sie den Hund, solange er bellt!

Bellverhalten verschiedener Hunderassen

Der Basenji, ein Jagdhund aus Afrika, ist der wohl leiseste Hund, auch bekannt als der »nicht bellende« Hund. Er verständigt sich über eine Reihe jodelähnlicher Laute. Auch Dingos, in Australien lebende Wildhunde, sind nahezu stumm. Leben diese Hunde in der Nähe von Haushunden, lernen sie jedoch sehr schnell, ebenfalls zu bellen. Zu den bellfreudigen Rassen zählen alle Hunde, die etwas beschützen sollen. Herdenschutzhunde, die zum Bewachen von Schafherden eingesetzt werden, schlagen sofort an, wenn sich eine fremde Person nähert.

Zählt Ihr Hund zu den bellfreudigen Exemplaren, hilft es nicht, mit ihm zu schimpfen, während er bellt. Ihr Hund wird das Geschimpfe als Bellunterstützung empfinden, da er Ihre Worte nicht versteht, Sie jedoch lauthals einstimmen. Bringen Sie Ihrem Hund mithilfe von Belohnungen bei, auf Kommando zu bellen. So kann er auf ein »Gib Laut« seinem Ärger kurz Luft machen, worauf Sie das Bellen durch ein gezieltes Abbruchkommando (z.B. »Ruhig« oder »Schluss«) beenden.

Hundebegegnungen

1

Hunde verständigen sich schon von weitem durch ihre Körpersprache. Wenn sich zwei fremde Hunde begegnen, gibt es mehrere Möglichkeiten, wie sie sich verhalten. Manche zeigen gar kein Interesse und gehen unbeteiligt am Wegrand schnüffelnd aneinander vorbei. Stoßen ein ängstlicher und ein selbstsicherer Hund aufeinander, signalisiert der dominante schon von weitem durch seinen hocherhobenen Schwanz und seinen selbstbewussten Gang, wer der Stärkere ist, während der ängstliche mit tiefer Rute schnell einen großen Bogen schlägt.

Wer bist du?

Treffen sich zwei Gleichstarke, wird es interessant. Sie kommen mit allerhand Imponiergehabe aufeinander zu, um den anderen zu beeindrucken. Mit hoch erhobener Rute, selbstsicherem Gang, gespitzten Ohren und direktem Blick nähern sich die beiden. Als Erstes beschnuppert man sich an der Schnauze, am Nacken und anschließend im Analbereich. Dabei umkreisen sich die Hunde zwei- bis dreimal.
Und wie geht es weiter? Entweder bricht einer der beiden das Beschnuppern ab und geht seiner Wege oder einer der beiden Hunde signalisiert durch Körpersprache, dass er der Unterlegene ist. Meist sind es winzige Anzeichen, die der Mensch nur mit geübtem Blick wahrnimmt. Ein kurzes Blinzeln, der Kopf wird etwas weggedreht, eine lang gezogene Maulspalte oder ein schnelles Lecken über die Schnauze sind kleine Demutsgesten, die vom Gegenüber sehr wohl verstanden werden. Doch nicht nur die Mimik sagt eine ganze Menge aus, sondern auch die gesamte Körperhaltung. Der Dominante geht und steht mit durchgedrückten Beinen und verlagert sein Gewicht nach vorn. Der Unterlegene wird eher etwas kleiner, das Gewicht liegt auf der Hinterhand, sodass er notfalls schnell kehrtmachen und weglaufen kann. Meist sind es nur Nuancen, die die Gefühle andeuten, doch ein gut sozialisierter Hund hat von Welpenbeinen an gelernt, diese zu deuten (daher sind der Besuch in einer Welpengruppe und viel Hundekontakt im Welpenalter so wichtig). Sind die Fronten geklärt, trennen sich die Hunde meist wieder und gehen ihrer Wege. Mögen sie sich und sind in der richtigen Laune, fordern sie sich zum Spiel auf und toben ein wenig nach Hundemanier herum. Dabei jagt der eine den anderen, springt ihn an, knappst ihn ins Fell, rennt wieder weg, während der andere folgt – eben kleine Jagd- und Fangspiele unter Freunden.
Begegnen sich zwei Hunde an der Leine, wird es schwieriger, da sie nicht mehr frei agieren können. Deshalb sollte man angeleinten Hunden keinen Kontakt gewähren – oder erst nach Rücksprache.

1

Gesellige Tiere

Nachdem sie sich umkreist und vorsichtig beschnüffelt haben, stehen sich Hunde, die sich noch nie getroffen haben, Schnauze an Schnauze gegenüber. Beim ersten Aufeinandertreffen spielt der Blickkontakt eine wichtige Rolle. Beide Hunde starren sich förmlich an und derjenige, der als Erster wegsieht, gilt als unterlegen. Beim Aufeinandertreffen gut sozialisierter Hunde ist es unwahrscheinlich, dass es zu einem ernsthaften Konflikt kommt, auch wenn beide recht selbstbewusst auftreten.
Die Verhaltensformen sind über Jahrtausende hinweg streng ritualisiert, um Konflikte zu vermeiden. Besonders bei Wolfsrudeln ist das wichtig, denn wenn jede Meinungsverschiedenheit in einen Ernstkampf ausarten würde, wären die Wölfe nur noch mit Streitereien beschäftigt und würden unnötige Energien verschwenden. Und wer soll die Beutetiere jagen und die Jungen großziehen? Um das Überleben des Rudels zu sichern, sind soziale Kompetenzen gefragt – und wie beim Menschen auch funktioniert es über Verständigung.

Hier treffen sich zwei, die austarieren, wer von beiden der Stärkere ist. Wenn man genau hinsieht, erkennt man, dass der schwarze Hund der Überlegene ist

Auf den ersten Blick erscheinen die beiden noch gleich stark, doch bei näherem Hinsehen erkennt man, dass der Border erste Anzeichen von Unsicherheit erkennen lässt: Die Rute ist zwar noch oben, doch der Blick ist bereits abgewendet.

Der Schwarze drückt mit allen Mitteln seine Überlegenheit aus: Ein starrer Blick, nach vorn gerichtete Ohren, aufgestelltes Nackenfell, erhobene Rute und nach vorn verlagertes Gewicht beweisen, dass er auf seiner Dominanz besteht.

Auch die Körperhaltung ist auf »Abdrehen« eingestellt. Das Gewicht liegt auf der Hinterhand und er steht schon etwas seitlich zum Schwarzen.

DIE ERSTE BEGEGNUNG
Hunde, die sich zuvor noch nicht begegnet sind, nähern sich vorsichtig einander, beschnüffeln den Boden und umkreisen sich langsam, bevor sie sich gegenseitig beschnuppern.

Begrüßungsschnuppern

1

Hunde, die sich gut kennen, begrüßen sich durch gegenseitiges Beschnuppern. Dadurch vergewissern sie sich, dass es auch wirklich ihr Kumpel ist, und erfahren, ob es ihm gut geht.

Kommunikation

Hunde, die regelmäßig aufeinander treffen, begrüßen sich durch gegenseitiges Beschnuppern: Ein Hund ergreift die Initiative und beschnüffelt den anderen. Ihre Körpersprache ist dabei entspannt, denn sie kennen sich bereits. Während dieser ersten Begrüßungsphase, für die sich die Hunde oft viel Zeit nehmen, reiben sie ihre Schnauzen aneinander, beschnüffeln sich im Gesicht, an den Ohren, im Nacken und schließlich im Genitalbereich. Ist das erledigt, gehen sie ihren Hundedingen nach.
Je nach Lust
und Laune

Die Nase eines Hundes ist erstaunlich sensibel: Sie nimmt Geruchsmoleküle schon in einer äußerst geringen Konzentration wahr.

wird nun gemeinsam am Wegrand gerochen, ein kleines Spielchen angefangen oder wenn ihnen nicht danach ist, beschäftigt sich wieder jeder mit seinen eigenen Hundesachen.

Sauberkeit ist Ansichtssache

Duftstoffe enthalten wichtige Informationen, die anderen Hunden unbedingt mitgeteilt werden müssen. Daher sind die Vierbeiner alles andere als dankbar, wenn wir sie zu einem Vollbad zwingen. Wenn sie dann noch mit einem parfümierten Badezusatz abgeschrubbt werden, überschreitet das aus Hundesicht die Grenzen der Zumutbarkeit! Da sie den »Gestank« kaum ertragen, suchen sie sich ihr eigenes Parfum: Das kann ein Kuhfladen, ein oder toter Fisch sein. – Für die Menschennase nicht besonders lecker! Um Mensch und Hund gerecht zu werden, sollten Sie wann immer es geht auf Shampoo verzichten, denn Hundefell ist selbstreinigend und der Dreck rieselt heraus, sobald er getrocknet ist. Im Notfall reicht im Sommer ein Bad im See oder im Winter eine Dusche mit warmem Wasser, um den Schmutz zu entfernen.

HERUMSCHNÜFFELN
Hier ergreift der Jüngere die Schnüffelinitiative. Hunde in diesem Alter sind neugierig und wollen die Welt erkunden und Erfahrungen sammeln.

Sich wälzen

Hunde und Wölfe wälzen sich gern in stinkenden Dingen wie Aas oder Dung. Bis heute ist noch nicht ganz klar, warum sie das machen. Es gibt verschiedene Theorien, die jedoch nicht sicher bestätigt werden können.
Manche Forscher nehmen an, dass Wölfe ihren Eigengeruch überdecken wollen, um sich so besser an ihre Beutetiere heranschleichen zu können. Jetzt riecht der Wolf nicht mehr nach Wolf, sondern beispielsweise nach Schafsköttel und wirkt nun möglicherweise weniger gefährlich auf ein Beutetier.
Andere wiederum vermuten, dass ihnen der Duft gefällt. Sie parfümieren sich sozusagen, und was für uns Chanel No.5 ist, ist für Hunde ein toter Fisch.
Wenn Sie sich einer frisch gegüllten Wiese nähern und Ihr Hund zur parfümierfreudigen Sorte zählt, sollten Sie zusehen, dass Sie ihn so schnell wie möglich anleinen, bevor er sich mit einem zufriedenen Seufzen in die Soße fallen lässt. Ansonsten hilft wirklich nur ein Bad und das finden weder Ihr Hund noch Sie sehr lustig.

Wie Hündinnen ihre Paarungsbereitschaft mitteilen

Im Alter von sechs bis sieben Monaten kommen Hunde in die Pubertät. Wie Menschen auch, befinden sich die Hunde in einer regelrechten Flegelphase und sehen es gar nicht ein, sich etwas sagen zu lassen. Bei Rüden erwacht das Interesse für Hündinnen und sie lernen ihr Bein zu heben. Hündinnen werden jetzt zum ersten Mal läufig und zeigen dadurch ihre Paarungsbereitschaft.

Die läufige Hündin

Mit der Pubertät werden Hunde sexuell aktiv. Das genaue Alter ist von Hund zu Hund und von Rasse zu Rasse verschieden, doch der durchschnittliche Zeitrahmen liegt bei sechs bis sieben Monaten. Kleinere Hunderassen kommen für gewöhnlich früher in die Pubertät als große. Hündinnen werden zweimal im Jahr für ca. drei Wochen läufig. Wenn eine Hündin läufig ist, setzt sie chemische Botenstoffe frei, die Pheromone genannt werden. Diese locken nicht nur Rüden aus der Nachbarschaft an, sondern können über große Entfernungen hinweg wahrgenommen werden. Hunde nehmen die Pheromone über das Jakobson'sche Organ wahr, das sich in der Mundhöhle befindet. Es reagiert außerordentlich sensibel auf Duftstoffe, die sich in der Luft befinden, und leitet die Information direkt ans Gehirn weiter. Wenn eine läufige Hündin in der Nähe ist, werden die Rüden unruhig, sobald sie ihren Geruch aufgenommen haben. Sie haben regelrechten Liebeskummer, fressen nicht und jaulen oft die ganze

Sexuallockstoffe

Pheromone sind Sexuallockstoffe und kommen bei fast allen Tierarten vor. Der Geruch verteilt sich über große Strecken und zieht die Männchen magisch an. Sogar Mottenmännchen reagieren auf mottenspezifische Pheromone. Auf dieser Basis funktionieren auch diese kleinen Mottenblättchen, die Sie vielleicht in Ihrem Schrank hängen haben. Die Motten werden angezogen, bleiben an dem Blättchen kleben und können sich nicht fortpflanzen – und somit keinen Nachwuchs produzieren, der Ihren Lieblingspullover durchlöchert.
Kommen wir von den Motten wieder zu unseren Hunden, denn hier funktioniert es genauso. Die läufige Hündin verströmt diesen unwiderstehlichen Geruch und verteilt ihn im Park, indem sie viel häufiger markiert als sonst. Die Rüden werden magisch angezogen, und wenn Sie Pech haben, »kleben« sie förmlich vor Ihrer Haustür und bitten mit Heulen und Kratzen um Einlass.

Zeit. Schaffen sie es, unbemerkt aus dem Haus zu gelangen, werden sie sich schnurstracks auf den Weg machen, um zu ihr zu gelangen. In den ersten beiden Wochen der Läufigkeit ist die Hündin jedoch noch nicht zur Paarung bereit und beißt aufdringliche Rüden ab. Erst in der dritten Woche findet der Eisprung statt und die Hündin ist empfängnisbereit. Jetzt wird sie auch selbst aktiv und begibt sich, wenn man nicht aufpasst, auf Partnersuche. In dieser Zeit bleibt sie bei den Aufreitversuchen der Rüden bereitwillig stehen und lässt sich decken. Während der Läufigkeit ist die Hündin ein wenig »durch den Wind« und gehorcht nicht so gut wie sonst.

CHEMISCHE ATTRAKTIVITÄT
Während die Körpersprache Auskunft über die Gefühle und Absichten eines Hundes gibt, enthalten die Pheromone individuelle Informationen in Bezug auf Geschlecht, Empfängnisbereitschaft und Stimmung. Ein Rüde wird von einer läufigen Hündin über den Duft ihrer Pheromone angezogen.

Hundeträume

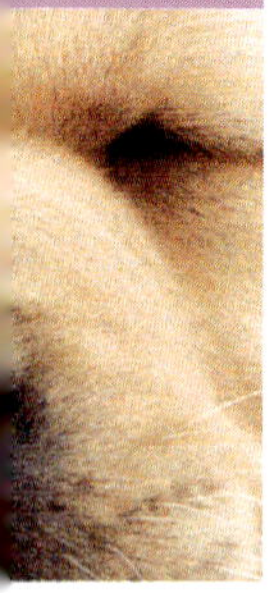

Hunde sind Vielschläfer und verschlafen ungefähr 13 Stunden am Tag. Allerdings ist ihr Rhythmus etwas anders als unserer: Sie schlafen viel über Tag und sind ab und zu in der Nacht wach. Hunde träumen auch während des Schlafs. Sie fiepen oder bellen und ihre Pfoten zucken, als würden sie gerade einen kleinen Sprint zurücklegen.

Zeit für Träume

Bevor sich Hunde hinlegen, drehen sie sich einige Male um die eigene Achse – ein Verhalten, das von den Wölfen stammt. In freier Wildbahn muss man oft lange Grashalme heruntertreten, um einen bequemen Schlafplatz zu erhalten. Je nach Temperatur nehmen Hunde verschiedene Schlafhaltungen ein. Ist es kalt, kringeln sie sich so klein wie möglich zusammen, damit keine Wärme verloren geht. Notfalls können sie ihr Gesicht mit dem Schwanz zudecken. Bei warmem Wetter liegen sie meist lang gestreckt an einem kühlen Ort. Manchmal kann man Hundeträume beobachten: Die Pfoten zucken und der Hund fiept vor sich hin. Ob er wohl gerade einen Hasen jagt?

Schlafgewohnheiten

An dem Sprichwort »schlafende Hunde soll man nicht wecken« ist etwas Wahres dran. Denn ein Hund, der sich gerade in seiner Tiefschlafphase befindet, erschrickt ziemlich, wenn er plötzlich angefasst wird und kann im Moment des Wachwerdens orientierungslos um sich schnappen. Achten Sie darauf, dass Ihr Hund einen relativ

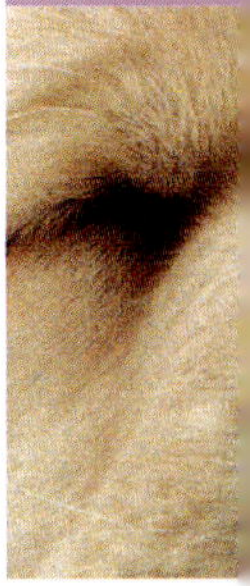

geregelten Tagesablauf mit Auslauf-, Fütterungs- und Ruhezeiten hat. Besonders bei Welpen ist es wichtig, dass sie zur Ruhe kommen und die vielen neuen Erfahrungen im Schlaf verarbeiten können.

Geeigneter Schlafplatz

Zieht ein Welpe ein, braucht er einen Schlafplatz. Da er bisher immer bei seiner Mutter und seinen Geschwistern geschlafen hat, wird ihm ein eigener, von Ihnen getrennter Schlafplatz ziemlich einsam vorkommen. Wahrscheinlich wird er jämmerlich heulen, da er das Gefühl hat, verstoßen worden zu sein. Bereiten Sie ihm ein Schlafkistchen, das Sie in den ersten Tagen neben Ihr Bett stellen. Weint er, gibt es ein paar Streicheleinheiten, damit er sich nicht allein fühlt. Ins Bett sollten Sie ihn allerdings nicht lassen. Denn hat er erst das Bett erobert, wird es schwierig, ihm diesen Schlafplatz wieder auszureden. Für den Doggenwelpen z.B. findet sich noch Platz, doch wo schlafen Sie, wenn die Dogge ausgewachsen ist? Schlafplätze sind eng an die Rudelhierarchie gekoppelt. Das Alphatier darf sich den besten Schlafplatz aussuchen und die anderen müssen weichen. Wenn Ihr Hund zuerst ins Bett hüpft und Sie anschließend unter die Decke schlüpfen wollen, könnte es zu Missverständnissen in Ihrer Rudelhierarchie kommen: Ihr Hund rückt keinen Millimeter zur Seite!

SCHLAFPOSITIONEN
Beim Schlafen suchen Welpen Körperkontakt zu ihren Geschwisterchen. Viele ausgewachsene Hunde schlafen mit dem Rücken zur Wand bzw. zu Füßen ihres Herrchens bzw. Frauchens. Diese Schlafpositionen scheinen ihnen ein Gefühl von Sicherheit zu geben.

Lautäußerungen

Die Lautäußerungen des Hundes geben uns einen guten Überblick über seine Gemütsverfassung. Alle Lautäußerungen werden durch die Körpersprache unterstützt. Knurrt er, kräuselt sich die Schnauze und die Lefzen werden hochgezogen. Winselt er, signalisiert der ganze Hund durch die geduckte Körperhaltung, dass er sich in seiner Haut nicht wohl fühlt.

Was sagt Ihr Hund?

Der Schwerpunkt hundlicher Kommunikationsformen liegt nach wie vor auf der Körpersprache, doch akustische Signale unterstützen die Ausdrucksformen und werden eingesetzt, wenn sich der Hund außer Sichtweite befindet.
Zu den akustischen Signalen zählen Winseln, Brummen, Heulen, Knurren und Bellen. Bei Welpen treten noch Variationen von Fiep-, Muck- und Murrlauten auf, die der Verständigung innerhalb des Wurfes und mit der Mutter dienen.
Hunde winseln, wenn sie sich unwohl fühlen. Mögliche Gründe sind Unsicherheit, aktive Unterwerfung oder das Gefühl des Alleingelassenseins. Winselt ein Welpe innerhalb eines Rudels, löst er sofort freundliche Kontaktaufnahme bei den erwachsenen Tieren aus.
Fühlt sich ein älterer Hund wohl, lässt er sich hin und wieder zu Brummlauten hinreißen, um sein Wohlbehagen auszudrücken, z.B. wenn er satt, warm und zufrieden in der Nähe seiner Menschen liegt.
Auch Hunde zeigen das eher wolfstypische Heulen. Meistens setzen sie es ein, wenn sie allein sind, um so Kontakt zu ihren Artgenossen aufzunehmen. Es kann sein, dass alle Hunde aus der Nachbarschaft einstimmen und das Heulen zu einem so genannten Chorheulen anschwillt.

Zusammenleben von Hund und Kind

Leben Hund und Kind in einer Familie, sollten Sie einige Regeln befolgen. Lassen Sie die beiden nie unbeaufsichtigt allein. Ein Tobespiel, das aus dem Ruder läuft, der Hund, der sich den Keks des Kindes schnappt und dabei die Hand erwischt, unkoordinierte Kleinkinder, die die Balance verlieren und auf den schlafenden Hund treten, sind Szenarien, die schnell entstehen können. Räumen Sie dem Hund klare Ruhezonen ein, in denen er nicht gestört wird. Füttern Sie den Hund und erklären Sie Ihrem Kind, dass es während des Fressens nicht zum Futternapf darf. Wenn Ihr Kind isst, sollte der Hund auf seinem Platz liegen, um gar keinen Futterneid aufkommen zu lassen. Bringen Sie Ihrem Kind bei, wie sich Hunde verständigen, und greifen Sie regulierend ein, wenn die beiden zu heftig spielen.
Werden die Regeln eingehalten, werden Kind und Hund meist zu den besten Freunden und das Kind lernt schnell, richtig mit dem Hund umzugehen.

Manche Hunde fühlen sich auch von Sirenengeheul, Musikinstrumenten oder Staubsaugern animiert, ein wenig »mitzusingen«.
Knurrlaute werden normalerweise als Droh- oder Warnsignal eingesetzt. Unter Hunden heißt das: »Stopp! Komm mir nicht zu nahe!«, und sollte auch von uns Menschen ernst genommen werden. Ein Hund, der beispielsweise seinen Kauknochen verteidigt, ist nicht zu Scherzen aufgelegt. Ignoriert man sein Knurren, kann es passieren, dass er schnappt. Beim Spiel oder bei der Jagd tritt das Knurren eher als Zeichen der Erregung auf.
Beim Bellen unterscheidet man das Spiel- und das Drohbellen. Mehr zum Bellen finden Sie auf S. 26/27.

KOMM, SPIEL MIT MIR!
Dieser Hund bellt, um die Aufmerksamkeit seines Herrchens zu erlangen und ihn zum Spielen aufzufordern. Die Aufforderumg wird durch das Spielgesicht und die Vorderkörpertiefstellung – die klassische Spielaufforderung unter Hunden – unterstützt.

Mimik

1

Hunde verständigen sich überwiegend über ihre Mimik. Anhand der Gesichtsmuskulatur können sie ihre Mimik je nach Gefühlssituation verändern. Besonders aussagekräftig sind die Stirn- und die Maulpartie, die Blickrichtung und die Stellung der Ohren.

Durchsetzungsvermögen

Beobachtet man die beiden Hunde auf dem Foto, wird schnell deutlich, wer das Sagen hat. Der linke Hund zeigt klar seine Aggression und Überlegenheit anhand seines Gesichtsausdrucks. Die Maulspalte ist kurz und rund, der Nasenrücken gekräuselt, die Zähne sind entblößt. Er starrt sein Gegenüber direkt an und zieht die Stirn nach vorn. Dem Schwarzweißen steht deutlich die Unsicherheit ins Gesicht geschrieben. Die Maulspalte ist lang nach

ZIEH LEINE!
In dieser Situation besteht kein Zweifel, welcher Hund der dominantere ist. Der Schwächere weicht der Gefahr aus.

Hütehunde im Einsatz

Viele »Hütehunde« haben einen angeborenen Hüte-Instinkt.
Dieser Hüte-Instinkt besteht aus durch die Zucht selektierten Sequenzen aus dem Jagdverhalten der Wölfe. Wölfe jagen in Rudeln. Dabei wird die Beute aufgespürt, fixiert, eingekreist, angesprungen und getötet. Die Menschen haben die Jagdsequenzen »fixieren« und »umkreisen« herausgezüchtet und diese Hunde für das Hüten der Schafe eingesetzt.
Der Hund treibt die Herde zusammen und dirigiert sie in die gewünschte Richtung, blockiert Straßen und passt auf, dass sich die Herde nur auf dem vorgegebenen Weidestück aufhält und nicht Nachbars Acker beweidet.
Mit seinem Blick und der geduckten Körperhaltung fixiert er einzelne Schafe und kann sie allein dadurch in die richtige Richtung lenken. Dieses Verhalten ist beim Border Collie besonders ausgeprägt und wird als »Auge zeigen« bezeichnet.
Der Hütehund steht die ganze Zeit mit dem Schäfer in Blickkontakt, um zu erfahren, wo er einspringen muss. Ist sein Herrchen durch Schafe verdeckt, springt er in die Höhe, um es zu sehen.

hinten gezogen, ebenso Stirn und Ohren. Er weicht dem Blick des braunen Hundes aus. Seine ganze Körperhaltung signalisiert Unsicherheit und Rückzug.

Mimik richtig interpretieren

Durch das An- bzw. Entspannen der Gesichtsmuskeln verändert sich der Gesichtsausdruck des Hundes und spiegeln wider, ob er gut oder schlecht gelaunt ist. Stirn, Ohren und Maulbereich geben Auskunft über die Gefühle. Hier einige Beispiele:

- Der neutrale Hund hält sein Maul geschlossen. Die Augen blicken ruhig und aufmerksam durch die Gegend, die Ohren befinden sich in entspannter Haltung.
- Ist der Hund unsicher, weicht er dem Blick aus. Das Maul ist geschlossen, die Maulspalte lang gezogen und der Nasenrücken glatt. Stirn und Ohren zeigen nach hinten und sind möglichst nah am Kopf angelegt.
- Bei drohenden Hunden unterscheidet man zwischen sicherem und unsicherem Drohen. Wenn sich der Hund beispielsweise in eine Ecke gedrängt fühlt und keine Chance zum Rückzug hat, wird er drohen, obwohl er sich unsicher fühlt. Er kräuselt den Nasenrücken und entblößt alle Zähne, die Maulspalte ist langgezogen. Stirn und Ohren werden ebenfalls nach hinten gezogen. Beim sicheren Drohen ist der Nasenrücken gekräuselt. Die vorderen Zähne werden durch eine kurze runde Maulspalte gezeigt. Ohren und Stirn sind nach vorn gerichtet und der Hund sieht seinen Kontrahenten direkt an.
- Hunde in Spiellaune zeigen ein Spielgesicht. Dabei wechseln die Mimik in rascher Folge, ohne in einem festen Zusammenhang zu stehen.
- Manche Hunde »lächeln« mit offenem Maul und zurückgezogener Maulspalte – ein Zeichen von Freundlichkeit, das nur Menschen gegenüber gezeigt wird.

1

Geselligkeit

Hunde suchen oft die Gesellschaft ihres Besitzers oder ihrer Artgenossen und sind nicht gern allein. Da verschiedene Rassen zu unterschiedlichen Zwecken gezüchtet wurden, variiert auch der Grad ihrer Anhänglichkeit. Einige Rassen eignen sich daher besser als Familienhunde, während andere Hunde eine unabhängigere Lebensweise bevorzugen.

Eine auf Vertrauen basierende Beziehung

Wenn zwei Welpen früh Freundschaft schließen und sich immer wieder treffen, entwickelt sich eine enge Beziehung zwischen den beiden Hunden.

Hat man bereits einen älteren Hund, der allein gehalten wurde, ist es nicht immer einfach, ihn an ein neues Hundefamilienmitglied zu gewöhnen. Bei der Wahl des neuen Hundes sollte man mit Bedacht vorgehen und abwägen.

Miteinander leben

Der Beagle gehört zu den Meutehunden. Diese Rasse wurde gezüchtet, um mit der gesamten Meute auf Hasenjagd zu gehen. Die Hunde lebten in Rudeln zusammen und sind daher äußerst gesellig. Sie sind von Natur aus sehr lebhaft und tolerant und fühlen sich in einer Familie so richtig zu Hause.

Da sie zur selbstständigen Jagd gezüchtet wurden, haben sie ihren eigenen Kopf. Treffen sie bei einem Spaziergang auf eine Hasenfährte, ist die Wahrscheinlichkeit recht groß, dass sie, von ihrem Jagdinstinkt geleitet, die Spur verfolgen und alles um sich herum vergessen. Die Jagdleidenschaft bekommt man nur in den Griff, wenn man den Welpen von Kindesbeinen an konsequent erzieht.

Meutehunde freuen sich über Gesellschaft. Ist kein anderer Hund vorhanden, jedoch eine Katze, können die beiden Tiere eine enge Beziehung aufbauen, insbesondere dann, wenn sie beide von klein auf zusammen aufwachsen durften. Sie teilen manchmal sogar ihre Schlafplätze.

FREUNDE FÜRS LEBEN
Welpen, die zusammen aufwachsen und sich immer wieder sehen, entwickeln meist eine lebenslange Freundschaft.

Platzverhältnisse

Einige Hunderassen können gut auf engem Raum leben, während andere mehr Platz beanspruchen. Diese Unterschiede sind leicht zu verstehen, wenn man genauer betrachtet, für welchen Zweck die jeweilige Rasse gezüchtet wurde.

Der kleine Cavalier King Charles Spaniel zum Beispiel wurde als Schoßhund gezüchtet, um den adeligen Herrschaften die Zeit zu vertreiben und Gesellschaft zu leisten.

Andere Hunderassen dienten athletischeren Zwecken: Sie wurden zur Jagd oder als Kutschenbegleithund gezüchtet. Zu den Kutschenbegleithunden zählte der Dalmatiner, dessen Aufgabe darin bestand, die Kutschen der Adeligen über weite Strecken hinweg zu begleiten. Daher wurde er auf Ausdauerleistungen gezüchtet und braucht noch heute viel Bewegung. Eingesperrt in einer Zwei-Zimmer-Wohnung wird er sein Glück nicht finden.

Herdenschutzhunde hingegen wurden gezüchtet, um Schafherden fernab von jeglicher Zivilisation zu beschützen. Sie sind an ein zurückgezogenes Leben gewöhnt und legen keinen gesteigerten Wert auf viel Trubel und ständige Gesellschaft.

Liegt sein Garten in einem Gebiet, an dem viele Menschen, Kinder und Hunde vorbeikommen, wird der Schutzhund seine Aufgabe ernst nehmen und das Grundstück mit lautstarkem Gebell beschützen. Die nächsten Nachbarn werden von seinem Bewachertrieb nicht begeistert sein.

1

Was Hundeaugen sehen und sagen

Der Hund ist ein Bewegungsseher. Bewegt sich etwas im Gebüsch, bekommt er es viel schneller mit als wir Menschen. Seine Sehleistung ist in der Dämmerung viel ausgeprägter als die des Menschen, während er im Farbensehen ziemliche Defizite hat. Blau kann er gut erkennen, bei anderen Farben hapert es. Doch er teilt auch seine Bedürfnisse über Blicke mit. Wer kennt nicht den schmachtenden Dackelblick?

Blickkontakt

Hunde übermitteln anderen Hunden mithilfe ihrer Augen deutliche Signale, die für den Menschen nicht so leicht zu erkennen sind. Der Blickkontakt spielt in der Rangordnung von Hunden, die sich begegnen, eine wesentliche Rolle: Der dominantere Hund hält den Blick, während der unterlegene Hund den Blick abwendet. Dem Blick nicht standzuhalten ist somit eine

klare Botschaft an den anderen Hund: Es ist ein Zeichen für Angst oder Unterwürfigkeit. Diese Signale sind eng mit der übrigen Körpersprache verbunden, um der Absicht Ausdruck zu verleihen. Allerdings kann die Bedeutung von Blickkontakten zwischen Hunden und Menschen sehr unterschiedlich sein: Ein Hund lernt, dass ein längerer Blick eines Menschen keine Bedrohung darstellt, und so kann er seinen Besitzer vertrauensvoll ansehen. Achten Sie jedoch darauf, einen fremden Hund nicht zu intensiv anzustarren, damit Sie sie nicht unbewusst herausfordern.

- Fixiert ein Hund einen anderen mit seinen Augen, zeigt er Dominanz oder droht.
- Blinzeln gilt als Beruhigungsstrategie und wird benutzt, um eine Situation zu entschärfen. Das Gleiche gilt, wenn der Hund seinen Blick abwendet und zur Seite sieht.
- Ein Hund, der seine Augen halb geschlossen hat, ist zufrieden und entspannt, wie z.B. beim Streicheln.
- Die Augen des Hundes zeigen viele Gefühle. Bei Angst sind sie weit geöffnet und die Pupillen vergrößert, ein Blick ins Leere verrät Langeweile.

STARR MICH NICHT AN!
Auch wenn sich Hunde daran gewöhnen, wenn ihr Besitzer ihnen in die Augen sieht, sollten Sie es vermeiden, fremde Hunde anzustarren. Es könnte als Provokation aufgefasst werden.

Die Augen des Hundes

Hunde sehen die Welt etwas anders als wir Menschen. Sie sind ausgesprochene Bewegungsseher und nehmen die geringste Bewegung wahr, während sie stillstehende Objekte kaum erkennen. Tests ergaben, dass ein Hund seinen Besitzer nicht findet, wenn er 30 Meter von ihm entfernt bewegungslos vor einem Hintergrund verharrt.
Auf der Netzhaut des Hundes befinden sich mehr Stäbchen als Zapfen. Die Stäbchen sind für das Dämmerungssehen verantwortlich und erlaubten den Vorfahren unserer Hunde, ihre Beute in der Morgen- und Abenddämmerung zu jagen, den Tageszeiten, in denen die Beutetiere am aktivsten sind. Die Zapfen sind für das Farbsehen verantwortlich.
An der Rückwand des Auges befindet sich eine lichtreflektierende Schicht (Tapetum lucidum), die die Wahrnehmungsfähigkeit selbst unter schlechten Lichtverhältnissen verbessert. Fällt bei Dunkelheit Licht auf das Hundeauge, wird es durch das Tapetum lucidum reflektiert und sorgt für den »Katzenaugeneffekt«.

Wie Hunde hören

1

Hunde sind in der Lage, sehr hohe Tonfrequenzen wahrzunehmen, die Menschen nicht mehr hören können. Ihr scharfes Gehör hat sich bei der Jagd bewährt. Heute halten sich manche Besitzer einen Hund, damit sie rechtzeitig vor Einbrechern gewarnt werden. Andere Hunde werden zur Unterstützung von Gehörlosen ausgebildet.

In Kontakt bleiben

Das Gehör eines Hundes entwickelt sich im Alter von etwa zwei bis drei Wochen. Hört der Hund ein Geräusch, richtet er seine Ohren in Richtung der Geräuschquelle. Das fällt Hunden mit Stehohren leichter als den schlappohrigen Rassen. Die Stehohren haben zudem noch eine Art Trichterfunktion und können den Schall besser einfangen. Daher hören Stehohrhunde in der Regel etwas besser als Schlappohrkandidaten.

Da Hunde höhere Frequenzbereiche hören als Menschen, wurden spezielle Hundepfeifen entwickelt, die nur für Hundeohren wahrnehmbar sind. Hat der Hund gelernt, auf das Signal zu kommen, ist der Einsatz einer Pfeife sehr nützlich, da sie für den Hund unverwechselbar ist. Wie fast alle Körpermerkmale haben auch die Ohren eine Sprachfunktion bei der Hundekommunikation. Aufgerichtete Ohren bedeuten Aufmerksamkeit oder Dominanz, angelegte Ohren Angst und Unter-

Taubheit

Alle Welpen sind in den ersten zwei Wochen ihres Lebens zunächst taub, bis sich die Gehörgänge öffnen. Einige Rassen neigen dazu, Taubheit zu vererben, wie zum Beispiel Dalmatiner. Es ist nicht immer leicht, die Taubheit bei jungen Hunden festzustellen, da sie ihre Behinderung geschickt ausgleichen können. Sie verlassen sich auf ihre übrigen Sinne und folgen ihren Geschwisterchen, sodass es den Eindruck erweckt, als ob sie durchaus auf Geräusche reagieren. Es gibt allerdings eine audiometrische Untersuchung, mit der man den Taubheitsverdacht bestätigen kann. Leider ist in Fällen einer angeborenen Taubheit keine Behandlung möglich. Bei Rassen, die zur Taubheit neigen, sollte sich der Käufer einen Untersuchungsnachweis geben lassen. Entscheidet man sich dennoch für ein taubes Tier, muss man den Hund mithilfe von Handzeichen erziehen. Um die Aufmerksamkeit des Hundes zu gewinnen, kann man beispielsweise eine Taschenlampe aufflackern lassen. Besondere Vorsicht ist im Straßenverkehr geboten, da der Hund herannahende Autos nicht hört und Gefahr läuft, auf die Straße zu rennen.

würfigkeit. Bei älteren Hunden kann es sein, dass sie ihr Gehör verlieren. Man merkt es daran, dass der Hund seelenruhig weiterschläft, wenn der Besuch klingelt, nicht mehr auf das Rufen seines Herrchens reagiert und erschrickt, wenn man ihn anfasst, weil er die Person nicht kommen hörte.

GROSSE OHREN
Unter den Haushunden haben die Bassets die längsten Ohren. Diese reichen wegen der kurzen Beine oft bis zum Boden.

GUTE FREUNDE
Hunde wollen bei allen Familienaktivitäten dabei sein, sei es beim Spielen oder bei einem Ausflug. Wird das Spiel zwischen Hund und Kind zu wild, sollten die Erwachsenen regulierend eingreifen.

Wie Hunde mit uns reden

Hunde sind Rudeltiere und es bereitet ihnen keine Probleme, sich rasch in eine menschliche Familie zu integrieren. Sie sind gute Beobachter und lernen schnell. Um mit uns Menschen zu kommunizieren, setzen sie ihre Körpersprache ein. Wenn Sie die Sprache Ihres Hundes verstehen, können Sie seine Stimmungslage recht schnell erfassen und auf ihn eingehen.

Sprechen Sie mit Ihrem Hund

Auf manchen hundlichen Kommunikationsebenen werden wir Hundehalter nicht mithalten können. Die Welt der Gerüche bleibt uns verschlossen, da unsere Nase nicht so leistungsfähig ist wie die eines Hundes. Der Mensch reagiert in erster Linie auf akustische Signale, da er sein Denken und Fühlen in Form von Sprache mitteilt. Doch gesprochene Wörter sind für Hunde anfangs bedeutungslos. Sie verstehen nicht, was wir sagen, und können nur durch Lernprozesse einzelne Wörter wie »Sitz«, »Platz« oder »Spazieren gehen« differenzieren. Manche Hunde werden richtig gut und können eine breite Palette an Begriffen auseinander halten, doch im Grunde müssen sie diese mühsam wie eine Fremdsprache erlernen.
Wie wir bereits im ersten Kapitel erfahren haben, »unterhalten« sich Hunde zum größten Teil über Körpersprache. Sie verwenden sie auch uns Menschen gegenüber, um sich mitzuteilen. Mit ein wenig Geduld und Beobachtungsgabe können wir relativ rasch lernen, was der Hund uns mitteilen möchte. Das sind wir ihm schuldig, denn schließlich bemüht er sich auch, unsere Worte zu verstehen.

Missverständliche Aussagen

Hunde sind von Natur aus eine soziale Struktur gewohnt und leben sich schnell in Haushaltsroutinen ein. Da der Hund ein Teil des Menschenrudels sein möchte, versucht er, mit den menschlichen Rudelmitgliedern zu kommunizieren, um seine Wünsche zum Ausdruck zu bringen. Allerdings können einige Signale, die der Hund verwendet, am Anfang für den Laien etwas verwirrend sein, da sie mehrere Bedeutungen haben können.
Ein wedelnder Schwanz zum Beispiel drückt normalerweise Freude, Fröhlichkeit und gute Laune aus. Wird die Rute jedoch hoch getragen und wedelt dabei leicht hin und her, dient sie als Imponiergeste. Ist die Rute unter den Bauch gezogen und wedelt dabei – das kommt häufig bei Welpen und Junghunden vor –, signalisiert sie Unterwerfung.
Daher ist es wichtig, das Zusammenspiel zwischen Mimik, Körperstellung, Schwanz- und Ohrenhaltung des Hundes als Gesamtbild zu betrachten, um Fehlinterpretationen vorzubeugen. Denn es ist weniger die einzelne Geste als vielmehr der Gesamteindruck des Hundes, was Auskunft über seine Gefühlslage gibt.

Wiedersehensfreude

2

Haben sich Hund und Mensch eine Weile nicht gesehen, ist die Wiedersehensfreude groß. Der Hund begrüßt die Person überschwänglich, vor allem dann, wenn er allein gelassen wurde und auf seinen Besitzer warten musste. Nun hüpft er aufgeregt und ausgelassen mit wedelndem Schwanz um sein Herrchen herum und verlangt nach Aufmerksamkeit.

Begrüßungskomitee

Hunde freuen sich riesig, wenn ihr Besitzer nach Hause kommt. Besonders junge Hunde geraten ganz aus dem Häuschen, hüpfen herum und springen hoch, während ältere Hunde sich damit begnügen, aufzustehen und mit dem Schwanz zu wedeln, wobei sie sich an ihre Besitzer schmiegen. Überlegen Sie sich zu Beginn, ob Sie das Anspringen tolerieren wollen oder nicht. Sie sollten jedoch konsequent bleiben: Entweder darf er es immer oder nie. Denn Ihr Hund versteht nicht, dass Sie nichts dagegen haben, wenn er Ihre Gartenklamotten mit Pfotenabdrücken verziert, während Sie bei Ihrem Lieblingskostüm Einwände haben.

Wenn Sie vermeiden wollen, dass Ihr Hund bei Ihrer Ankunft jedes Mal außer Rand und Band gerät und mit allen vier Pfoten an Ihnen hochhüpft, ist es hilfreich, ihn in den ersten Minuten zu ignorieren. Ziehen Sie in aller Ruhe Ihre Schuhe aus, hängen Sie Ihren Mantel an die Gaderobe und tun Sie, was Sie sonst so beim Nach-Hause-Kommen machen. Springt der Hund an Ihnen hoch, ignorieren Sie ihn. Erst wenn sich die Wogen etwas geglättet haben und er nicht mehr wie wild durch die Gegend springt, gehen Sie zu ihm und begrüßen ihn freundlich. Es wird nicht lange dauern, bis er begreift, dass er Ihre Aufmerksamkeit nur gewinnen kann, wenn er sich ruhig verhält.

Warum Hunde hochspringen

Wolfswelpen springen an ihrer Mutter hoch und stoßen mit ihrer Schnauze an die Maulwinkel der Wölfin. Das ist der Auslöser, damit sie ihnen Futter hervorwürgt. Das Verhalten hat im Laufe der Zeit seine Bedeutung geändert und signalisiert nun Freundlichkeit und Unterwerfung. Hunde zeigen es nicht nur anderen Hunden gegenüber, sondern springen auch an vertrauten Personen hoch – sofern sie dürfen – und verabreichen ihnen einen Hundekuss, indem sie die Mundwinkel des Menschen anstupsen bzw. ablecken. Vielleicht ist es nicht jedermanns Sache, doch es ist freundlich gemeint.

DARF ER HOCHSPRINGEN?

Überlegen Sie sich, was Ihr Hund darf und was nicht, und halten Sie Erlaubtes und Verbotenes konsequent ein.
Selbst wenn es Sie nicht stört, dass er an Ihnen hochspringt, sollten Sie sich überlegen, wie beispielsweise Ihre pingelige Schwiegermutter reagiert, wenn Ihr Hund schmutzige Pfotenabdrücke auf ihrem Faltenrock hinterlässt, und ob der kleine Nachbarjunge immer noch vor Glück aufjuchzt, wenn Ihr Hund ihn im Begrüßungseifer umgeworfen hat.

Ruhepositionen

2

Schläft er oder schläft er nicht? Schläft Ihr Hund tief und fest, sollten Sie ihn in Ruhe lassen und nicht wecken. Doch manchmal liegen Hunde ein wenig gelangweilt herum, dösen und warten, dass etwas passiert. Auch hier gibt die Körpersprache Auskunft, ob Sie den Hund lieber in Ruhe weiterschlafen lassen sollten oder ob Sie ihn von seiner Langeweile erlösen und sich mit ihm beschäftigen – sei es durch ein Spiel oder einen Spaziergang.

Bequem liegen

Die Art, wie Hunde auf dem Boden liegen, gibt Auskunft über ihre Gefühlslage. Ein Hund, der geduldig wartet, liegt meist auf dem Bauch, ähnlich wie in der Platz-Position, und hat seinen Kopf zwischen die Vorderpfoten gebettet. Entweder döst er mit geschlossenen Augen vor sich hin oder er behält sein Herrchen im Auge. Sobald Herrchen seinen Roman zur Seite legt und Anstalten macht aufzustehen, wird der Hund an seiner Seite stehen und erwartungsvoll abwarten, ob er nun endlich an der Reihe ist.
Schläft der Hund, liegt er entweder lang ausgestreckt auf der Seite oder als zusammengekringelte Kugel mit der Schnauze auf dem Schwanz. Die Augen sind geschlossen und er atmet gleichmäßig. Meist reagiert er nicht, wenn sich seine Menschen in der Wohnung

bewegen. Ab und zu träumt er. Dabei zucken die Pfoten, die Augen bewegen sich hinter den geschlossenen Lidern und er gibt kleine Fiep-, Bell- oder Winsellaute von sich. Wahrscheinlich befindet er sich gerade auf der schönsten Jagd und hetzt Hasen oder Rehe. Lassen Sie ihn jetzt in Ruhe, denn Sie reagieren sicher auch nicht erfreut, wenn man Sie aus Ihren tiefsten Träumen reißt.

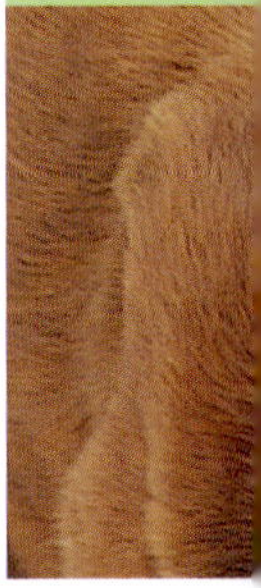

SICH GEMÜTLICH AUSRUHEN
Dieser Hund hat sich's gemütlich gemacht. Bisher sind die Augen noch offen und auf die Bewegungen seines Herrchens gerichtet. Passiert in den nächsten Minuten nichts Spannendes, wird er sich für ein Schläfchen entscheiden.

Begrenzte Kommunikationsfähigkeiten

Je ähnlicher eine Hunderasse dem Wolf ist, desto weniger Schwierigkeiten hat sie, sich durch Körpersprache mitzuteilen. Stehohren, eine lange Schnauze, kurzes Fell und ein normal geformter Schwanz ermöglichen es, das gesamte Spektrum an Ausdrucksmöglichkeiten zu zeigen. Andere Rassen haben es schwerer. Schlappohren zum Beispiel lassen auf Entfernung nicht erkennen, ob sie gerade nach vorn gerichtet oder angelegt sind. Hängt das Fell bis zum Boden, verdeckt es zum einen das Gesicht, zum anderen lassen sich die Nackenhaare nicht mehr aufstellen. Ruten, die rassebedingt immer über dem Rücken getragen werden, wirken vielleicht dominanter, als sich der Hund in Wirklichkeit fühlt. Bei anderen Rassen ist gar kein Schwanz mehr vorhanden, weil er entweder kupiert wurde (das ist inzwischen zum Glück verboten) oder weil nur ein Stummelschwanz vererbt wurde. Und wie soll man vernünftig wedeln, wenn man keinen Schwanz hat?
Es ist geradezu erstaunlich, dass sich alle Hunde als Hund erkennen, egal ob es ein Zwerg wie ein Chihuahua ist oder ein Riese wie eine Dogge. Alle sprechen die gleiche Sprache und trotz ganz unterschiedlichem Aussehen können Hunde einander meist ohne Missverständnisse verstehen.

Betteln

Hunde betteln, um Fressbares oder Aufmerksamkeit zu bekommen. Zu Beginn zeigen sie eher zufällig Verhaltensweisen wie zum Beispiel Pfoteheben und erhalten – weil es dem Besitzer gefällt – Futter und Lob. Beim nächsten Mal versucht der Hund schon gezielter, die Pfote zu heben. Hat er wieder Erfolg, wird er es in Zukunft häufiger versuchen. Er hat gelernt, dass Pfötchengeben Futter bedeutet.

BEACHTE MICH
Mit einer erhobenen Pfote versucht dieser Spaniel, die Aufmerksamkeit seines Besitzers zu gewinnen. Er richtet sich dabei, so gut es geht, auf, um möglichst auf Augenhöhe zu gelangen.

Wie Hunde lernen

Das Verhalten eines Hundes ist nicht für sein ganzes Leben festgelegt. Im Lauf der Zeit verändert er manche Verhaltensabläufe. Wirkt sich die Veränderung positiv für ihn aus, wird er sie wiederholen; hat er keinen Erfolg, lässt er es bleiben. Auf dieser Grundlage basiert auch die Hundeerziehung. Hier ein Beispiel: Der Welpe setzt sich zufällig hin und erhält ein Lob und ein Leckerchen. Beim nächsten Sitzen geschieht das Gleiche. Anfangs ist er noch etwas verwundert, lernt aber schnell, dass seinem Sitz ein Leckerchen folgt. Er wird das Verhalten in Zukunft häufiger zeigen. Jetzt führt man das Signal »Sitz« ein. Er verknüpft nach einigen Wiederholungen, dass »Sitz« hinsetzen bedeutet und er dafür ein Leckerchen bekommt.

Während Sie »Sitz« sicher noch ganz nützlich finden, kann der Hund auch Dinge lernen, die nicht auf Ihren Beifall stoßen: Bettelt der Hund am Tisch und wird gefüttert, lohnt sich sein Verhalten und er wird es wieder versuchen. Hat er abermals Erfolg, wird das sein Verhalten bestärken. Nach einigen für den Hund erfolgreichen Bettelversuchen wird er das Bettelverhalten etablieren. Vielleicht nervt es Sie inzwischen schon, einen sabbernden Hundekopf auf Ihrem Schoß zu haben, der Ihnen förmlich das Schnitzel vom Teller starrt. Doch es ist gar nicht so leicht, ihm das Betteln wieder abzugewöhnen: Jetzt hilft nur noch ignorieren – und es kostet eine ganze Menge Nerven und Standhaftigkeit, dem immer vehementer bettelnden Hund zu widerstehen.

Verhaltensänderungen

Das Bettelverhalten hat seinen Ursprung im Welpenalter. Trinken die Welpen an den Zitzen der Hündin, treten sie mit den Pfoten gegen die Milchleiste und stoßen mit dem Kopf, um den Milchfluss anzuregen. Wenn sie etwas älter sind, zeigen sie ähnliche Verhaltensweisen, um die Hündin zum Hervorwürgen fester Nahrung zu bewegen. Dazu heben sie eine Pfote und stupsen mit der Nase gegen die Lefzen der Hündin.

Das Pfoteheben und Mit-der-Schnauze-Stoßen ändert noch einmal seine Bedeutung und wird zum Beschwichtigungssignal unter Hunden. Zeigt der Hund diese Beschwichtigungssignale gegenüber seinem Halter und wird dafür belohnt, weil dieser Pfötchengeben niedlich findet, gibt es nach einigen Wiederholungen einen erneuten Bedeutungswechsel: Pfoteheben beim Menschen bedeutet nun Futter, Lob und Aufmerksamkeit für den Hund.

Aufgerichtete Ohren signalisieren Aufmerksamkeit. Hier bewegt der Hund seine Ohren, um herauszufinden, wer gerufen hat.

OHRENSTELLUNG BEACHTEN

Die Ohrenstellung ist bei Hunden mit Stehohren besonders gut zu erkennen. In Kombination mit der Schwanzhaltung und der Mimik sind die Ohren ein ausdrucksstarkes Kommunikationsmittel des Hundes.

Nach hinten gerichtete Ohren weisen auf Unterwerfung hin. Das Züngeln verdeutlicht die Unsicherheit des Hundes.

Ohrenspiel

Die Ohrenstellung oder die Positionierung der Ohren, spielt eine wichtige Rolle bei der Verständigung unter Hunden. Oftmals unterstützen die Ohren die Mimik des Hundes, können aber aus der Distanz besser wahrgenommen werden. So erkennen andere Hunde schon von weitem, ob das Gegenüber die Ohren keck aufstellt oder unsicher am Kopf anlegt.

Wie Hunde mit den Ohren reden

Um die Position der Ohren zu verändern, aktivieren Hunde Muskeln, die sich auf dem Schädelknochen unterhalb der Haut befinden. Hunde können ihren Ausdruck blitzschnell verändern. Erkennt der Hund beispielsweise einen Freund, verwandelt sich sein Gesichtsausdruck von Unsicherheit in Freude.

Die Ohrenstellung verrät auch einiges über die Hierarchie. Wenn bei einer Hundebegegnung die Ohren des einen nach vorne gerichtet sind, will er dem anderen imponieren, wenn sie flach am Kopf angelegt sind, drückt er Unsicherheit aus. Alle Hunde haben eine neutrale Ohrposition: Jede Veränderung der Ohrstellung sollte mit dieser neutralen Position verglichen werden.

- Wenn ein Hund wachsam und konzentriert ist, sind seine Ohren gespitzt.
- Ohren, die nach hinten gerichtet und leicht angelegt sind, weisen auf Unterwürfigkeit und Unsicherheit hin. Versteht der Hund beim Training nicht, was sein Herrchen von ihm will, kann man häufig angelegte Ohren beobachten.
- Ohren spiegeln Emotionen wider. Ein Ohrenspiel mit häufig wechselnden Positionen wird beim Spiel gezeigt oder wenn ein Hund nicht sicher ist, wie er reagieren soll.

Kurze oder lange Ohren

Nicht alle Hunde sind in der Lage, ihre Ohren zu einer effektiven Verständigung einzusetzen. Während Wölfe ihre Ohren wie Trichter ausrichten können, um ihre Beute zu orten, ist das nicht mehr bei allen Rassen möglich. Bei einem Teil der Rassen wurden ellenlange Schlappohren gezüchtet, bei anderen Rassen wurden die Ohren kupiert. Das heißt, sie wurden in einer Operation abgeschnitten und in die gewünschte Form geklebt, um ein rassetypisches Schönheitsideal zu erreichen, wie zum Beispiel beim Dobermann. Das Kupieren ist tierschutzwidrig und seit einigen Jahren verboten. Bei älteren Hunden findet man teilweise noch kupierte Ohren. Das andere Extrem sind viel zu lange Schlappohren wie beim Basset oder Cocker Spaniel. Diese Rassen haben oft Probleme mit Ohrentzündungen. Beide Extreme haben Schwierigkeiten, sich über die Stellung der Ohren auszudrücken, und sind auf andere Merkmale angewiesen.

Der Hundeschwanz

2

Der Schwanz ist das am besten geeignete Körperteil, um die Absichten eines Hundes über große Distanzen hinweg zu signalisieren. Vereinfacht kann man die Rute mit einer Fahne vergleichen. Gehisste Fahnen tragen große Persönlichkeiten; wird die Fahne geschwungen, herrscht Freude, und wenn die Fahne auf Halbmast hängt, werden Unbehagen oder Unsicherheit ausgedrückt. Aber auch auf kurze Entfernung dient der Schwanz als Kommunikationsmittel.

Schwanzsignale

Der Schwanz ist der Körperteil, der am ehesten ins Auge fällt, und selbst Menschen, die sich recht wenig mit Hunden auseinander setzen, wissen, dass ein wedelnder Schwanz Freundlichkeit und Freude signalisiert. So wedelt der Hund mit dem Schwanz, wenn er ein Familienmitglied begrüßt, mit einem anderen Hund spielt, die Futterschüssel naht oder Aufbruchsstimmung zum nächsten Spaziergang herrscht. Allerdings drückt ein we-

Kupiert

Über viele Jahre hinweg war es bei einigen Rassen üblich, den Schwanz zu kupieren. Dabei wurde einfach ein Stück des Schwanzes chirurgisch entfernt, um gewisse Schönheitsstandards zu erreichen. Inzwischen ist das Kupieren verboten, mit Ausnahme von einigen Jagdhundrassen: Hier dient es zum Schutz vor Verletzungen, damit sie nicht im dichten Unterholz hängen bleiben und sich die Rute im Dornengestrüpp aufreißen, während sie eine Spur verfolgen.
Kupierten Hunden bleibt nur noch ein kleiner Stummel. Rennen diese Hunde mit hohem Tempo, haben sie oftmals Schwierigkeiten, das Gleichgewicht zu halten, denn der Schwanz dient bei schnellen Richtungswechseln sozusagen als Gegenruder und Balancestange. Hunde mit Rute können im Lauf viel besser die Richtung wechseln als Hunde mit kupierter Rute. Es ist auch nicht einfach für sie, sich anderen Hunden auf Distanz mitzuteilen. Hunde mit kupierten Schwänzen, wie zum Beispiel Cocker Spaniel, wackeln oftmals mit dem ganzen Hinterteil, um ihrer Freude Ausdruck zu verleihen und den fehlenden Schwanz zu kompensieren.

delnder Schwanz nicht nur Freude aus. Wird er hoch getragen und die Spitze wedelt leicht, dient er zum Imponieren und hat nicht viel mit Freundlichkeit zu tun. Daher sollte man immer das Zusammenspiel von Mimik, Körperhaltung und Schwanz betrachten, um die richtigen Schlüsse ziehen zu können, denn der Schwanz ist sozusagen der Gefühlsverstärker.

- Ein leichtes Wedeln bei niedrig getragenem Schwanz kann der Vorbote einer Attacke sein.
- Wird der Schwanz unter den Bauch gezogen und wedelt dabei, ist das eine Unterwerfungsgeste, die oft von jungen Hunden gezeigt wird.
- Ein unter den Bauch gezogener, eingeklemmter Schwanz weist auf Angst, Unterwerfung oder Aufgabe hin.
- Wenn ein Hund entspannt ist, rollt er sich manchmal auf den Rücken und – vielleicht weil er die Aufmerksamkeit seines Herrchens auf sich lenken will – fängt an, mit dem Schwanz zu wedeln. Nähert sich die Person, wird das Wedeln stärker.

KEINE BEDROHUNG
Der erhobene und leicht nach vorn gebogene Schwanz des jungen Hundes weist darauf hin, dass er selbstsicher ist und keine Angst vor der Katze hat. Er scheint eher neugierig zu sein.

Wie Hunde spielen

Hunde sind von Natur aus sehr verspielt. Das Spiel bietet Welpen eine gute Möglichkeit, Verhaltensformen zu testen und Beziehungen zu den Geschwisterchen aufzubauen. Wenn ein Hund allein gehalten wird, übernimmt der Besitzer meist die Rolle des Spielgefährten. Obwohl junge Hunde am verspieltesten sind, können sich manche bis ins hohe Alter fürs Spielen begeistern.

Spielerisches Verhalten

Um einen anderen Hund zum Spiel aufzufordern, haben Hunde eine eigene Körperhaltung, die man als Vorderkörpertiefstellung bezeichnet. Dabei verbeugt sich der Hund quasi vor seinem Spielgefährten: Er legt die Vorderbeine flach auf den Boden und streckt sein Hinterteil in die Höhe. Manchmal bellt er ein-, zweimal, um seine Aufforderung zu unterstützen.

KOMM, SPIEL MIT MIR!
Obwohl der stehende Hund noch etwas unsicher ist, lädt ihn sein jüngerer Gefährte zum Spielen ein. Durch die Vorderkörpertiefstellung drückt er seine freundlichen Absichten aus.

Bei der Spielverbeugung wedelt der Hund mit dem Schwanz und zeigt ein freundliches Spielgesicht.

Kommt man ihm näher, wird er vermutlich aufspringen und ein paar Meter wegrennen, bevor er sich umdreht und seine Spielaufforderung wiederholt. Im Spiel werden Jagd- oder Kampfsequenzen in abgeschwächter Form erprobt. Daher gehören weglaufen, fangen, anspringen und ins Fell beißen zu den typischen Hundespielen. Die Rollen von Jäger und Gejagtem wechseln während des Spiels.

Spielen Menschen und Hunde miteinander, werden andere »Jagdobjekte« eingesetzt. Ein Ball, der durch die Luft fliegt und über den Boden hüpft, ist eine tolle Ersatzbeute, der man nachjagen kann. Hat der Hund gelernt, dass sich das Spiel wiederholt, sobald er den Ball zurückbringt, können sich die beiden ausgiebig beschäftigen. Doch denken Sie daran: Der Chef im Rudel bestimmt, wann das Spiel beendet wird. Also ist es Ihr Part, das Spiel abzubrechen.

▸ Da Sie während des Spiels die volle Aufmerksamkeit Ihres Hundes haben, bietet es sich an, kleine Erziehungseinheiten einzubauen. Ein eingestreutes »Sitz«, »Bleib« oder »Komm« regt den Hund an, zwischendurch ein wenig nachzudenken, und macht beiden Spaß.

▸ Sind Hunde nicht ausgelastet, suchen sie sich oft ihre eigenen Spiele, die nur selten mit den Vorstellungen ihrer Besitzer übereinstimmen. Zu solchen Spielchen gehört z.B. Autos jagen oder Schuhe zernagen.

Geeignetes Spielzeug

Mittlerweile gibt es eine große Auswahl an Hundespielzeug, das man im Zoofachhandel kaufen kann. Achten Sie darauf, dass die Größe des Spielzeugs zu Ihrem Hund passt. Kleine Gummibälle zum Beispiel können schnell zur Gefahr werden, wenn der Hund den Ball verschluckt und dieser im Rachen stecken bleibt.

Bunte Knotenseile laden zu Zerrspielen ein. Das ist das Lieblingsspiel der meisten Hunde. Allerdings sollten Sie bei Welpen und Junghunden nur ganz vorsichtig ziehen, bis das Gebiss fertig ausgebildet ist. Ziehen Sie zu stark, kann schnell ein Milchzahn aus dem Kiefer brechen oder es können Zahnfehlstellungen entstehen, weil das Gebiss noch nicht gefestigt ist.

Stöckchen schleudern ist unter Hunden auch sehr beliebt. Wird Ihr Hund zu wild und versucht, kleine Baumstämme in der Luft zu fangen, sollten Sie ihm ein anderes Spielzeug anbieten, da er sich an hervorstehenden Ästchen oder splitterndem Holz verletzen könnte.

Angst und Unsicherheit

Es gibt eine Reihe von Situationen, in denen Hunde unsicher sind und nicht wissen, wie sie reagieren sollen. Ihre Körpersprache wechselt dann zwischen Unsicherheit und Aggression. Dies passiert insbesondere jüngeren Hunden, die zum ersten Mal auf unbekannte Situationen oder Objekte stoßen.

Wie Hunde auf Unbekanntes reagieren

Wenn Sie mit einem jungen Hund unterwegs sind, sollten Sie daran denken, dass er auf Gegenstände oder Situationen treffen wird, die ihm unbekannt sind. Erlauben Sie ihm, Unbekanntes zu beschnuppern und kennen zu lernen. Bleiben Sie ruhig neben ihm stehen und vermitteln Sie ihm Sicherheit. Je mehr der Hund in den ersten Wochen kennen lernt, desto sicherer wird er später auf Fremdes reagieren.
Trifft der Hund etwas Unbekanntes, wechseln seine Gefühle zwischen Angst, Verteidigungsbereitschaft und Neugier. Diese Elemente drückt er auch mit seiner Körperhaltung aus: Der Körper ist auf Rückzug eingestellt, die Nackenhaare sind oft aufgestellt, während er das Ding anbellt oder anknurrt. Passiert nichts, wird er sich dem Gegenstand nähern, um ihn genauer unter die Lupe zu nehmen.

Souverän bleiben

Hat man einen Hund von klein auf, kann man recht gut einschätzen, was er kennt, was er nicht kennt und wovor er Angst haben könnte. Bei Hunden, die aus dem Tierheim kommen, ist dies schwieriger, da man ihre Vorgeschichte nicht kennt. Für uns alltägliche Gegenstände können ihnen Angst machen, weil sie vielleicht schlechte

Feuerwerk

Auch bei Hunden gibt es verschiedene Charaktere und so reagieren Hunde in derselben Situation auch ganz unterschiedlich. Ängstliche Hunde erschrecken bei einem Feuerwerk und lassen sich kaum beruhigen. Andere Hunde reagieren mit Gebell auf den Lärm. Wieder andere lassen sich erst gar nicht aus der Ruhe bringen und schlafen weiter.
Sie können allerdings schon Ihren Welpen an die Geräusche gewöhnen, denn inzwischen gibt es Geräusch-CDs für Welpen. So lernen sie in ihrer Sozialisierungsphase, dass Feuerwerk und Gewitter nichts Schlimmes sind.

2

Die beiden Tiere wissen nicht so recht, was sie von dem Spielzeug halten sollen. Sie fauchen und bellen das Plastiknilpferd an, wobei der Hund noch um einiges entspannter ist als die Katze.

Erfahrungen gemacht haben. Vielleicht haben sie panische Angst vor Kühen, weil sie an einer Kuhweide an einen Elektrozaun gekommen sind, oder er meiden Besen, weil sie damit geschlagen wurden. Hier ein paar Tipps, die Ihrem Hund helfen:

- Streicheln und trösten Sie ihn nicht, denn das bestätigt ihn nur, dass das Ding gefährlich ist und er allen Grund zur Angst hat.
- Bleiben Sie gelassen und souverän. Sie sind der Rudelchef, und wenn Sie sich nicht fürchten, gewinnt Ihr Hund an Sicherheit. Gehen Sie hin, berühren Sie den Gegenstand und warten Sie ab, was geschieht. Meistens fasst er sich ein Herz und folgt Ihnen heldenhaft.

FRÜHE ERFAHRUNGEN

Hier wird der Welpe mit einem Spielzeug konfrontiert, das er noch nicht kennt. Im Vergleich zur Katze scheint er nicht allzu nervös zu sein, aber er bringt dem Spielzeug gemischte Gefühle entgegen. Mit den Hinterbeinen steht er fest auf dem Boden, während er die Vorderbeine ähnlich einer Spielaufforderung absenkt. Er scheint das Ganze als Spiel zu betrachten.

Einkäufe untersuchen

Fast alle Hunde zeichnen sich durch Neugier und ständigen Appetit aus. Bleibt ein Einkaufskorb unbeaufsichtigt stehen, wird er gründlich inspiziert. Sollte sich etwas Fressbares darin befinden, wird der Hund kaum widerstehen können und sich selbst bedienen. Hunde leben im Hier und Jetzt und haben kein Gewissen. Schimpfen Sie nur, wenn Sie Ihren Hund auf frischer Tat ertappen.

NICHT WÄHLERISCH
Hunde sind Allesfresser und essen gern auch Obst und Gemüse, obwohl sie fleischhaltige Kost bevorzugen.

Essgewohnheiten

Wölfe, die Ahnen unserer Hunde, durften nicht wählerisch sein. Wenn sie gejagt und Beute gerissen hatten, galt es, so viel wie möglich zu fressen. Wölfe schlingen regelrecht, bis die Bäuche links und rechts herausstehen – was man hat, das hat man, denn die Konkurrenz war groß. Kam beispielsweise ein Bär vorbei, war die Beute schneller weg, als ihnen lieb war und sie wussten nie, ob sie am nächsten Tag wieder erfolgreich jagen würden oder ob sie sich mit ein paar Mäusen oder Beeren zufrieden geben müssten. War noch nicht einmal das aufzutreiben, gab es auch Hungertage.

Auch wenn unsere Hunde täglich ihre geregelten Mahlzeiten bekommen, ist der Überlebensinstinkt, zu fressen, was zu haben ist, durchaus noch vorhanden und sie sehen es als selbstverständlich an, sich zu bedienen, wenn etwas Fressbares in ihrer Nähe steht.

- Um zu vermeiden, dass Ihr Hund sich selbst bedient, sollten Sie Ihre Einkäufe zügig in den Kühlschrank räumen oder außer Reichweite stellen.
- Zeigt der Hund in Ihrer Gegenwart Interesse an Ihren Lebensmitteln, sagen Sie ein deutliches Nein und schicken Sie ihn weg. Verdeutlichen Sie ihm, was Ihres und was seins ist.
- Sie können Ihrem Hund auch beibringen, dass es Tabuzonen gibt, die er nicht betreten darf. Wenn Sie ihm von klein auf rigoros verbieten, die Küche zu betreten, wird er gar nicht erst auf die Idee kommen, die Schwelle zu überqueren.
- Halten Sie beim Füttern einen Routineablauf ein: Füttern Sie Ihren Hund jeden Tag immer zur selben Zeit und an derselben Stelle.

Die Sache mit dem Gewissen

Hat Ihr Hund sich selbst bedient – ob aus dem Einkaufskorb oder mit den Keksen vom Wohnzimmertisch –, hat es keinen Sinn, nachträglich mit ihm zu schimpfen. Denn Hunde leben im Hier und Jetzt: Wenn Sie etwas Fressbares finden, das gut schmeckt, ist das Fressen selbstbelohnend. Kommen Sie eine halbe Stunde später voller Wut hereingeplatzt und schimpfen wie ein Rohrspatz, weil Ihre Lieblingskekse weg sind, versteht Ihr Hund gar nicht, was mit Ihnen los ist. Die Kekse sind inzwischen schon halb verdaut und längst vergessen und er hat nur dagelegen und geschlafen.

Hundehalter, die behaupten, ihr Hund wisse ganz genau, worum es gehe, denn er habe ein sichtlich schlechtes Gewissen, liegen falsch. Der Hund hat die Erfahrung gemacht, dass die Tür aufgerissen wird, sein Herrchen hereinplatzt und ihn ohne ersichtlichen Grund lautstark beschimpft. Geht die Tür erneut auf und das Herrchen platzt herein, zeigt der Hund Beschwichtigungsgesten, indem er sich klein macht, den Schwanz einzieht und sich über die Schnauze leckt. Mit diesem Verhalten will er seinem aggressiven Herrchen nur signalisieren, dass er ein armer kleiner Hund ist, der sich unterordnet, dass es also keine Aggressionen mehr zu zeigen braucht. Herrchen interpretiert die Beschwichtigungssignale als schlechtes Gewissen. Ein Missverständnis.

Vorsicht, Futterneid!

2

Die meisten Hunde verstehen keinen Spaß, wenn es um ihr Futter geht. Selbst die freundlichsten Hunde können Futteraggressionen zeigen, wenn man ihrem Napf zu nahe kommt. Sie schlingen, verstellen den Weg und fangen vielleicht sogar an zu knurren, wenn man sich weiter nähert, da sie ihr Futter verteidigen wollen.

Tischmanieren

Hunde schlingen normalerweise ihr Fressen hinunter, ohne groß zu kauen – eine Angewohnheit, die sie von ihren Vorfahren geerbt haben. Wölfe verhalten sich nämlich genauso: Sie fressen in kürzester Zeit so viel wie möglich, da dies in Zeiten von Futterknappheit zwischen Überleben und Verhungern entscheiden kann.

Frisst Ihr Hund plötzlich schlecht und lässt sein Futter stehen, sollten Sie nach spätestens zwei Tagen zum Tierarzt gehen. Meist ist Appetitlosigkeit ein Krankheitsanzeichen, das auf eine Zahnentzündung, eine Infektion oder eine andere Erkrankung hinweist.

Es gibt allerdings auch Hunde, die beim Futter sehr wählerisch sind. Manche Hunde bestehen auf einer Sorte, alles andere fressen sie nicht. Sogar die Umgebung, in der sie gefüttert werden, hat Einfluss auf ihren Appetit. In diesem Fall sollten Sie die Futterschüssel an einen ruhigeren Platz stellen, um zu gewährleisten, dass Ihr Hund ungestört fressen kann.

Futteraggression

Der Hund möchte sein Futter verteidigen und zeigt Aggressionen gegenüber anderen. Damit das nicht aus dem Ruder läuft und jemand gebissen wird, sollten Sie klare Regeln rund um die Fütterung einhalten, denn Sie sind der Rudelchef und Ihr Hund sollte sich unterordnen – auch beim Fressen.

- Sie essen zuerst und dürfen ungestört essen, soviel Sie wollen. Ihr Hund muss warten, bis er an die Reihe kommt, und erhält auch nichts vom Tisch.
- Bringen Sie Ihrem Hund schon von klein auf bei, sich hinzusetzen, bevor Sie den Futternapf auf den Boden stellen. Setzt er sich nach zweimaliger Aufforderung nicht, wird der Napf wieder weggestellt und diesmal gibt es nichts zu fressen. Jetzt muss er bis zur nächsten Mahlzeit warten.
- Warten Sie, bis der Hund das Interesse an seinem Fressnapf verloren hat, bevor Sie ihn wegräumen.

▸ Wenn Sie mehrere Hunde halten, füttern Sie sie räumlich voneinander getrennt, um Futterneid zu vermeiden. Das ranghöhere Tier des Hunderudels bekommt seinen Napf zuerst. Anschließend werden die Schüsseln wieder weggeräumt. Je nach Rasse und Gemüt könnte es zu Streitereien kommen, wenn einer der Hunde seine Schnauze in den Napf seines Kumpels steckt.

DAS IST MEINS!
Auch wenn dieser Hund nur ein paar Brocken um seine Schüssel herum verteilt hat, zeigt er deutlich, dass er diese nicht ohne weiteres aufgeben möchte. Er zieht die Lefzen hoch, zeigt die Zähne, starrt sein Gegenüber an und knurrt.

Streicheleinheiten

Hunde sind sehr anhänglich und genießen es, gestreichelt zu werden. Sie suchen den Kontakt zum Menschen, indem sie zu ihm kommen, ihren Kopf auf sein Knie legen und ihn durch einen Schubs mit der Schnauze zum Streicheln auffordern. War der Hund eine Zeit lang allein, ist die Wiedersehensfreude besonders groß und er fordert uneingeschränkte Aufmerksamkeit.

Schmusen beruhigt

Hunde lassen sich gern streicheln. Streicheln fördert den Sozialkontakt und vertieft die Bindung zwischen Hund und Halter. Außerdem gibt es dem Hund ein Gefühl von Sicherheit und Geborgenheit. Untersuchungen haben ergeben, dass Streicheln nicht nur dem Hund gut tut. Der streichelnde Mensch entspannt sich und der Blutdruck wird gesenkt. Wenn Sie es so sehen wollen, ist Hundekraulen sozusagen eine gesundheitsfördernde Maßnahme.

KRAUL MICH HIER!
Der Basset scheint seine Streicheleinheiten zu genießen. Er dreht den Kopf etwas zur Seite, damit das Mädchen besser seinen Nacken kraulen kann.

Hunde lassen sich gern am Kopf, im Nacken, am Rücken und an den Seiten streicheln. Vertraut der Hund seinem Besitzer, legt er sich auch auf den Rücken und bietet das Bäuchlein zum Kraulen an.

Hundgerechte Begrüßungen

Treffen Sie einen fremden Hund, sollten Sie sich folgendermaßen verhalten:

- Fragen Sie zuerst den Besitzer, ob Sie den Hund streicheln dürfen.
- Hat der Besitzer nichts einzuwenden, fragen Sie den Hund. Da Sie nun schon einige Seiten über Hundeverhalten gelesen haben, erinnern Sie sich sicher, dass Sie dabei auf Körpersprache umschalten müssen:
- Gehen Sie ein wenig in die Hocke, damit Sie nicht so groß und bedrohlich wirken.
- Beugen Sie sich nicht über den Hund, denn das könnte als Bedrohung missverstanden werden.
- Halten Sie ihm Ihre Hand hin, damit er riechen kann, wer vor ihm steht.
- Blicken Sie ihm nicht in die Augen, denn Anstarren wird als Bedrohung aufgefasst. Wenden Sie den Blick ein wenig ab und blinzeln Sie – das wirkt beruhigend.
- Ist der Hund mit Ihnen einverstanden und wedelt freundlich mit dem Schwanz, dürfen Sie ihn streicheln.

Zieht er es vor, wegzugehen, dann lassen Sie ihn ziehen. Vielleicht hat er gerade keine Lust auf Streicheleinheiten oder braucht noch ein paar Begegnungen, um aufzutauen.

Freunde sein

Die meisten Hunde finden es toll, geknuddelt zu werden, denn als Rudeltiere interagieren Hunde und Wölfe viel miteinander. Beim Schlafen wird hin und wieder kontaktgelegen. Dabei schlafen die Tiere auf Tuchfühlung. Untertags gibt es einen freundlichen Schlecker über die Schnauze oder der Kopf wird auf den Hals des anderen gelegt. Doch Vorsicht! Körperkontakt ist nicht gleich Körperkontakt! Viele Verhaltensweisen hängen eng mit der Rudelhierarchie zusammen. Beim Kontaktliegen schlafen nur die ranghöchsten Tiere beieinander. Der Rangniedere muss gefälligst auf Distanz bleiben und das so freundliche Kopf-auf-den-Hals-des-anderen-Legen ist ein eindeutiges »Ich-bin-der-Chef«-Signal, während der liebevolle Schlecker eher ein Zeichen der Unterlegenheit darstellt. Achten Sie darauf, wenn Sie mit Ihrem Hund schmusen. Drängelt er immer und fordert Sie zum Streicheln auf, sollten Sie ihn ignorieren, denn der Chef bestimmt, wann gestreichelt wird und wann nicht.

Lass mich raus

Will der Hund in einen anderen Raum oder nach draußen, versucht er die Tür mit seinen Pfoten zu öffnen. Hat er dabei Erfolg, wird er es in Zukunft immer wieder versuchen – schafft er es nicht, gibt er die vergeblichen Versuche auf. Manche Hunde sind wahre Meister: Sie springen gezielt mit den Vorderpfoten auf die Türklinke und verschaffen sich so selbst Ein- oder Auslass – sehr zum Leidwesen des Besitzers und der Tür, die allerhand Kratzspuren aufweist.

Lass mich rein – lass mich raus!

Wenn sich der Hund in einem Raum mit geschlossenen Türen befindet, wird er sicher irgendwann versuchen, die Tür zu öffnen. Zu Beginn wird er zaghafte Versuche mit der Schnauze starten. Hat das wenig Erfolg, setzt er die Pfoten ein. Da Hundekrallen nicht gerade weich sind, zieren nun erste Kratzer Ihre Tür. Wenn Sie kleine Kratzgeräusche hören, sollten Sie tunlichst sitzen bleiben – zum Schutz Ihrer Tür! Ja, Sie haben richtig gelesen. Denn wenn Sie jetzt aufstehen und zu Ihrem Hund gehen, lernt er: Wenn ich an der Tür kratze, kommt Herrchen und lässt mich raus. Also wird er in Zukunft lustig an jeder Tür kratzen, durch die er gehen möchte. Das Gleiche gilt, wenn Ihr Hund empört bellt, weil ihn keiner rauslässt. Wenn Sie jetzt die Tür öffnen, werden Sie in Zukunft sein persönlicher Türöffner sein. Sie bekommen ein ständiges »Lass mich raus!« und »Lass mich rein!« zu hören und Sie glauben gar nicht, wie oft Ihr Hund auf einmal in den Garten und wieder ins Haus möchte. Das kann auf Dauer ganz schön nervig werden, wenn Sie immer aufspringen müssen!

Allein sein

Hunde mögen es gar nicht, wenn sie vom Rest ihrer Familie getrennt werden. Im Wolfsrudel ist es schließlich auch nicht üblich, dass man allein gelassen wird. Kommt es in einem Rudel zum ernsthaften Streit und ein Wolf muss den Familienclan verlassen, ist es für ihn nicht einfach, zu überleben. Hat er Glück, kann er sich mit anderen Tieren zusammenschließen und ein neues Rudel gründen. Hat er Pech, bleibt er allein und das könnte sein Todesurteil bedeuten, denn allein ist man ungeschützt, und die Chance Beute zu machen ist deutlich geringer als im Rudel. Daher müssen Hunde erst lernen, dass es nicht so schlimm ist, allein zu bleiben. Lassen Sie Ihren Welpen zuerst für ein paar Minuten allein im Zimmer, während Sie zu Hause sind. Verhält er sich friedlich, gehen Sie zu ihm und loben ihn. Nach und nach können Sie die Zeit ausdehnen. Klappt auch das, können Sie das Haus für kurze Zeit verlassen. Achten Sie darauf, dass Sie nicht zu ihm gehen, wenn er heult und jammert, sondern nur, wenn er ruhig ist.

Wie so oft, ist es am besten, wenn er solche Dinge erst gar nicht lernt.

- Kratzt oder bellt er, ignorieren Sie ihn. Verhält er sich ruhig, lassen Sie ihn raus.
- Gehört Ihr Hund zu den Künstlern, die sich die Türen selbst öffnen, können Sie die Türklinke ummontieren, sodass sie nach oben zeigt. So hat er keinen Halt mehr auf der Klinke und rutscht ab. Allerdings wird es ein Weilchen dauern, bis er seine Bemühungen aufgibt – sehr zum Leidwesen Ihrer Tür.
- Darf Ihr Hund selbst entscheiden, ob er rein- oder rausmöchte, können Sie eine Hundeklappe einbauen. Das setzt allerdings voraus, dass Ihr Garten eingezäunt ist, damit er seine Streifzüge nicht auf die gesamte Nachbarschaft ausdehnt. Zur Schonung Ihrer Nachbarn sollte er auch nicht zu den Dauerbellern gehören.

Aufregende Spaziergänge

2

Die meisten Hunde können es kaum erwarten, dass der Aufbruch zum Spaziergang naht. Spaziergänge dienen nicht nur dazu, die Blase zu entleeren: Sie sind die Höhepunkte eines Hundetages. Jetzt können Sie nach Herzenslust toben und schnüffeln, erfahren Neuigkeiten von Nachbars Fido und treffen auf vierbeinige Spielkameraden. Zudem ist es der Zeitpunkt, wo sich ihr Mensch am intensivsten mit ihnen beschäftigt.

Bewegungsdrang

Es gibt Hunderassen, die einen unersättlichen Bewegungsdrang haben. Sie benötigen viel Auslauf und Beschäftigung. Rassen, die zur Arbeit gezüchtet wurden, haben einen stärkeren Bewegungsdrang als andere Rassen. Hütehunde zum Beispiel wurden dazu gezüchtet, den ganzen Tag Schafe zu hüten. Dabei sind sie ständig in Bewegung, um verloren gegangene Schafe zur Herde zurückzutreiben, die Herde zusammenzuhalten und zu den richtigen Weidegründen zu lenken. Werden diese Hunde nun in einer Zwei-Zimmer-Wohnung gehalten und nur zweimal am Tag um den Block geführt, sind Verhaltensauffälligkeiten vorprogrammiert.

Ein Mops hingegen, der zu den Schoßhunden gehört, ist meist zufrieden, wenn er den ganzen Tag mit seinem Menschen auf dem Sofa sitzen darf, und empfindet die kleinen Gassirunden im Park völlig ausreichend. Überlegen Sie sich also gut, ob Sie ein Bewegungsmensch sind oder nicht und ob die Rasse, die Ihnen vorschwebt, zu Ihnen passt.

Los geht's!

Spaziergänge sind eine aufregende Sache. Endlich darf man nach stundenlangem Herumliegen wieder durch die Gegend flitzen, Gerüche sammeln und mit anderen Hunden spielen! Je nach Rasse und Hundealter gibt es verschiedene Bewegungsbedürfnisse. Jagd- und Hütehunde brauchen mehr Auslauf als Schoßhunde, Hunde in den besten Jahren mehr als Welpen und ältere Kameraden.

- Hunde brauchen Auslauf für ihr seelisches Gleichgewicht. Wenn sie den ganzen Tag herumliegen, sind sie unausgelastet, unzufrieden und langweilen sich. Um sich zu beschäftigen, lassen sie sich ihre eigenen Spiele einfallen, die oft nicht bei ihren Besitzern auf Gegenliebe stoßen.
- Schlechtes Wetter gibt es nicht. Egal ob Sonnenschein, ob Schnee, ob Regen: Ihr Hund will raus. Ziehen Sie sich entsprechend an und suchen Sie sich Ihre Strecken so aus, dass es so angenehm wie möglich ist. Im Winter, wenn der Sturm pfeift, bietet sich ein windgeschütztes Eck an. Im Sommer, bei brütender Hitze ist ein Spaziergang am Bach oder See ideal.

- Gestalten Sie Ihre Spaziergänge abwechslungsreich. Ihr Hund freut sich über neue Strecken, denn immer die gleiche Runde um den »Pudding« wird irgendwann mal langweilig.
- Beschäftigen Sie Ihren Hund. Auf einem Baumstamm balancieren, Leckerchen im Laubhaufen suchen oder über Zweige springen, das fordert Ihren Hund auch geistig und lastet ihn aus. Wenn Sie nach Hause kommen, haben Sie einen glücklichen, müden und zufriedenen Kameraden bei sich. Und Sie werden sich wahrscheinlich ähnlich fühlen.

GEHST DU MIT MIR SPAZIEREN?
Dieser Golden Retriever sorgt dafür, dass sein Spaziergang nicht vergessen wird. Er bringt die Leine und fordert zum Spaziergang auf.

Auto fahren

Da das Auto das am häufigsten genutzte Fortbewegungsmittel ist, sollte man seinen Welpen behutsam ans Autofahren gewöhnen, denn kaum ein Hund kommt ums Fahren herum, egal ob es der Weg zum Spaziergang geht, zum Tierarzt oder in den Urlaub.

Ungewohnte Fahrten

Die ersten Autofahrten sind für Hunde recht ungewohnt. Sie müssen erst lernen, sich auszubalancieren, und sich an Kurven, Beschleunigungen und Bremsmanöver gewöhnen. Anfangs kann es passieren, dass es dem Hund ganz anders wird. Nach hinten gezogene Lefzen, lange Speichelfäden und hörbares Schlucken geben erste Anzeichen dafür, dass Sie schleunigst anhalten sollten, damit er seinen Mageninhalt wieder in die richtige Lage bekommt. Besser ist es, ihn von Anfang an behutsam ans Autofahren zu gewöhnen:

- Zu Beginn setzen Sie ihn ins Auto und streicheln ihn. Fühlt er sich wohl, lassen Sie den Motor an.
- Am Anfang fahren Sie nur wenige Meter und laufen dann ein Stück mit ihm.
- Funktioniert auch das, werden die Fahrten ausgedehnt. Gehen Sie ruhig anschließend mit ihm spazieren, damit er die Fahrten mit etwas Schönem verbindet.
- Vor längeren Fahrten sollten Sie auf die Fütterung verzichten.

Wenn die Sonne brennt ...

Lassen Sie Ihren Hund nicht im Auto zurück, wenn die Sonne scheint! Auch wenn es draußen noch gar nicht heiß ist, heizt sich das Innere des Wagens schnell auf. Hunde besitzen nur an den Pfoten Schweißdrüsen und regulieren ihre Körpertemperatur durch Hecheln. Da durch die geschlossenen Scheiben keine kühle Luft ins Auto gelangt, überhitzen sie schnell und können sterben. Leider kommt das gar nicht selten vor. Lassen Sie Ihren Hund lieber zu Hause oder behalten Sie ihn bei sich.

Jagdtrieb

Alles, was sich schnell bewegt, löst den Jagdinstinkt des Hundes aus. Flüchtende »Beute« muss verfolgt werden.
Leider weiten manche Hunde ihr Beutefangschema in Ermangelung echter Beutetiere auf Jogger, Radfahrer, Katzen und Autos aus, was für den Hundebesitzer unangenehme Folgen haben kann. Denn nicht jeder Jogger freut sich, wenn er von Ihrem Hund gestellt wird.
Damit Ihr Held nicht alles fangen möchte, was seinen Weg kreuzt, rufen Sie ihn von Anfang an zu sich, wenn sich ein Jogger, Fahrradfahrer oder was auch immer nähert. Er soll sich neben Sie setzen und abwarten, bis derjenige vorbeigeflitzt ist. Loben Sie ihn und geben Sie ihm ein Leckerchen, wenn er brav bei Ihnen bleibt. Wenn Sie jedes Mal konsequent einfordern, dass Ihr Hund kommen und sich hinsetzen muss, wird er den Ablauf bald automatisieren und von allein zu Ihnen kommen, sobald ein Jogger Ihren Weg kreuzt. Loben Sie ihn ausgiebig, damit sich sein Kommen lohnt. Als Ausgleich darf er von Ihnen geworfene Bälle jagen und fangen, damit er seinen Beutetrieb in umgelenkter Form richtig ausleben kann.

Beschwichtigung

2

Um die Hierarchie innerhalb eines Rudels zu sichern und Konflikte zu vermeiden, haben sich im Laufe der Evolution bestimmte Kommunikationsformen entwickelt. Unterlegene Hunde signalisieren den dominanten durch Beschwichtigungsgesten bei Begrüßungen immer wieder, dass sie deren Status anerkennen. Dadurch wird die Rangordnung bestätigt und die Bindung gefestigt.

Missverständnisse

Freundlichkeit und Beschwichtigung liegen im Ausdrucksverhalten des Hundes eng beieinander. Die meisten Hunde benutzen diese Gesten auch, wenn sie ihren Besitzer begrüßen. Meist sind die Augen zu kleinen Schlitzen verengt, die Lefzen lang gezogen und der Hund kommt in geduckter Haltung und mit wedelndem Schwanz auf den Besitzer zu.

Um Aggressionen abzuschwächen, werden ganz ähnliche Signale benutzt. Auf dem Hundeplatz kann man oft beobachten, dass der Besitzer ärgerlicher wird, wenn sein Hund nicht ausführt, was er verlangt. Der Mensch ruft seinen Hund, doch dieser reagiert nicht. Dann ruft er etwas lauter und geht auf ihn zu. Der Hund fasst das als Bedrohung auf und hüpft nun mit einer Spielaufforderungsgeste durch die Gegend. Aus Hundesicht beschwichtigt er mithilfe der Spielaufforderung, doch aus Menschensicht macht er Firlefanz und kommt nicht – ein typisches Missverständnis in der Hund-Mensch-Kommunikation. Weiterschimpfen nutzt nichts. Sie sind jetzt an einem Punkt angelangt, an dem Sie überlegen sollten, wie Sie Ihrem Hund das Herkommen vermitteln können. Gehen Sie doch mal einen

Abgeleckt

Einem anderen Hund über die Schnauze zu lecken ist ein typisches Begrüßungs- und Beschwichtigungssignal. Es stammt aus der Welpenzeit, wenn die Kleinen die Lefzen ihrer Mutter belecken und so nach Nahrung zu betteln. Später wird das Verhalten zur Beschwichtigungs- und Begrüßungsgeste. Hunde, die unsicher sind, züngeln und lecken sich über ihre eigene Schnauze, um ihre Unsicherheit auszudrücken. In Hundemanier begrüßen sie auch Menschen mit einem freundlichen Schlecker. Sicherlich ist es nicht jedermanns Sache, eine feuchte Hundezunge über den Mund zu bekommen, doch überlegen Sie sich, wie Sie es Ihrem Hund behutsam abgewöhnen. Schließlich will er nur freundlich sein, und wenn Sie zu barsch vorgehen, versteht er die Welt nicht mehr, denn aus seiner Sicht wollte er Aggressionen vermeiden.

Schritt zurück, lehnen Ihren Oberkörper nach hinten, rufen mit einer freundlich hohen Stimme und sehen zur Seite. Die Wahrscheinlichkeit, dass er jetzt bereitwillig kommt, ist sehr viel höher, denn Sie signalisieren ihm, dass Sie ihm freundlich gesonnen sind.

ABGELECKT
Der junge Hund links leckt dem Border Collie kurz über die Nase. Dieser scheint überrascht und schaut ein wenig konsterniert aus der Wäsche.

Stubenreinheit

Welpen müssen erst lernen, wo sie ihre Blase entleeren dürfen und wo nicht. Zeigt der Kleine erste Ansätze, sich hinzukauern, sollte man ihn schnellstmöglich an die frische Luft bringen und ihn loben, sobald er draußen macht. Auch bei erwachsenen, bereits stubenreinen Hunden kann es vorkommen, dass sie wieder ins Haus machen. Mögliche Ursachen sind Krankheiten, wie z.B. eine Blasenentzündung, oder Verhaltensprobleme.

Wo darf ich?

Welpen sind zwar darauf bedacht, ihr eigenes Nest nicht zu beschmutzen, doch sie müssen erst lernen, dass das gesamte Haus zu ihrem Nest gehört und dass man nur draußen Pipi machen darf. Tragen Sie Ihren Welpen daher nach draußen, sobald er unruhig wird, und setzen Sie ihn da hin, wo er sein Geschäft erledigen darf. Überlegen Sie sich die Stelle gut, denn das prägt fürs Leben. Es gibt Hun-

Vor lauter Aufregung

Welpen und Junghunde urinieren auch vor Aufregung. Waren die Hunde allein und Herrchen kommt nach Hause, sind sie ganz aus dem Häuschen. Sie freuen sich, hüpfen herum, legen sich auf den Rücken und schwups, ist es passiert: Ein paar Tropfen Urin sickern auf den Teppich. Schimpfen Sie jetzt bloß nicht, denn das würde den Hund nur verunsichern und das Problem verschlimmern, denn Urin absondern gilt unter Hunden auch als Beschwichtigungsgeste. Je mehr Sie schimpfen, umso mehr beschwichtigt er und so wird jede Begrüßung zum Desaster, sowohl für Sie als auch für den Hund.
Gehört Ihr Hund zu den »Begrüßungspinklern«, sollten Sie ihn beim Nachhausekommen ignorieren. Bis Sie Ihre Jacke aufgehängt, Ihre Schuhe ausgezogen und die Tasche abgestellt haben, hat sich der Kleine schon ein wenig beruhigt. Jetzt können Sie ihn begrüßen. Wenn Sie über sein Pipimachen hinwegsehen, wird es sich mit der Zeit legen und, wenn der Hund etwas älter ist, ohnehin ganz verschwinden.

SICH HINSETZEN
Sowohl junge Hündinnen als auch junge Rüden setzen sich zum Urinieren hin. Erst mit Beginn der Geschlechtsreife lernen Rüden, dass »Mann« sein Bein hebt.

de, die sich nur im höheren Gras lösen, da ihnen im Welpenalter hohes Gras als Toilettenecke angeboten wurde. Manche Hundehalter haben eine mit Zeitung ausgelegte »Pipi-Ecke« in der Nähe der Welpenkiste eingerichtet und wundern sich später, dass der ansonsten stubenreine Junghund ab und zu herumliegende Zeitungen als Löseplatz missbraucht. Das waren nur 2 Beispiele, doch sie zeigen den Zusammenhang. Also setzen Sie ihn irgendwo ins Gras und nicht auf den Bürgersteig, da Sie sonst später den Ärger Ihrer Mitbürger auf sich ziehen. Vielleicht hat der Welpe wieder vergessen, dass er musste, sobald Sie draußen sind, denn es gibt so viel Interessantes zu entdecken. Üben Sie sich in Geduld und warten Sie, bis er sich gelöst hat. Loben Sie ihn ausgiebig. Wenn Sie ihn jedes Mal nach draußen bringen, sollte er schnell stubenrein werden. Macht er aus Versehen in die Wohnung, beseitigen Sie es kommentarlos mit etwas Essigwasser.

Der Lieblingsknochen

Hunde können sich stundenlang mit einem Knochen beschäftigen. Dieser wird dann oft bewacht und anderen gegenüber verteidigt. Versucht man dem Tier den hoch geschätzten Besitz wegzunehmen, kann es leicht zu Konflikten kommen.

Teilen

Der Hund möchte seinen Knochen nicht hergeben und warnt seinen Gefährten mit unmissverständlichen Gesten. Dieser zieht sich lieber wieder zurück.
Sogar Hunde, die normalerweise gut miteinander auskommen, können sich wegen eines Knochens zanken. Der Knochen bedeutet Nahrung und wird dementsprechend verteidigt, während alle Arten von Spielsachen weniger stark beschützt werden. Leben zwei Hunde im gleichen Haushalt, sollte man bei der Fütterung strikte Regeln einhalten. Füttern Sie die beiden getrennt. Das ranghöhere Tier bekommt immer zuerst. Wenn Sie Kauknochen verteilt haben, achten Sie darauf, dass jeder mit seinem Knochen beschäftigt ist. Verliert ein Hund das Interesse, sammeln Sie den liegen gelassenen Knochen ein, um einem späteren Streit vorzubeugen.

Sichere Verstecke

Hunde nagen sehr ausdauernd an einem Knochen. Haben sie genug, bleibt er entweder liegen oder wird versteckt. Die einen tragen ihn in den Garten und graben ein schönes Loch. Beim Unkrautjäten wundert man sich, warum man plötzlich auf alte Knochen stößt. Doch Sie haben nicht Ötzi entdeckt, sondern den oftmals längst vergessenen Schatz Ihres vierbeinigen Kameraden. Sind die Türen verschlossen, finden sich auch schöne Verstecke im Haus. Gern wird der Knochen unter die Decke am Schlafplatz geschoben. So ist er wenigstens in Reichweite.
Solange sich die Hunde mit einem Knochen beschäftigen, möchten Sie nicht gestört werden. Achten Sie darauf, dass der Nachbarjunge, der so begeistert von Ihrem braven Hund ist, nicht gerade jetzt durch die Hecke kriecht, um mit ihm zu schmusen. Ihr Hund könnte ihn als Eindringling Nahrungskonkurrenten empfinden und viel unfreundlicher sein als sonst.

Hunde nehmen zwar jeden Knochen dankbar an, doch sie sollten nur wenige bekommen. Geflügelknochen splittern

DEN GEB ICH NICHT HER
Dieser Hund hält seinen Knochen mit Schnauze und Vorderpfoten fest. Sein Blick rät jedem: »Komm bloß nicht näher!«

leicht und können schnell im Mund- und Rachenraum oder in der Speiseröhre stecken bleiben und zu ernsthaften Verletzungen führen. Das Gleiche gilt für Kotelettknochen. Bei Fleischprodukten vom Schwein kommt hinzu, dass Schweine Träger der Aujetzkyschen Krankheit sein können, einer Viruserkrankung, die für Hunde tödlich endet. Daher sollten Sie niemals rohes Schweinefleisch bzw. rohe Knochen verfüttern. Wollen Sie ganz sicher gehen, sollten Sie Ihrem Hund nur Büffelhautknochen aus der Zoofachhandlung mitbringen.

Scheinträchtigkeit

Ungefähr sechs bis acht Wochen nach der Läufigkeit kann es passieren, dass Ihre Hündin anfängt, ein Nest zu bauen. Vielleicht schleppt sie ihr Lieblingsspielzeug in das neue Nest und bemuttert es liebevoll. Diesen Zustand nennt man Scheinträchtigkeit. Das Verhalten scheinträchtiger Hündinnen wird hormonell gesteuert.

MUTTERINSTINKTE
Während einer Scheinträchtigkeit bewacht die Hündin ihre Spielsachen, als wären es ihre Welpen. Dies wird durch eine Hormonveränderung im Körper der Hündin hervorgerufen.

Hormonelle Veränderungen

Durch die Läufigkeit kommt es zu allerhand Hormonausschüttungen im Körper der Hündin. Bei manchen Hündinnen sorgen Hormone dafür, dass der Körper sich auf »Geburtsvorbereitung« umstellt, auch wenn sie nicht gedeckt wurden. Die Hündin beginnt aus Decken ein Nest zu bauen, bemuttert Spielzeug oder Kuscheltiere liebevoll und hat einen unbändigen Appetit. Bei manchen Hünd-

innen schwellen sogar die Milchleisten an und die Milch schießt ein. Meistens sind die Hündinnen rastlos, unruhig und sehr empfindsam.
Scheinträchtigkeit ist eine Veranlagung und kann bei allen Hündinnen nach der ersten Läufigkeit auftreten. Dabei spielt die Rasse keine Rolle. Manche Hundehalter empfehlen, die Hündin decken zu lassen. Angeblich würde die Scheinträchtigkeit danach verschwinden, doch das ist ein Ammenmärchen. Die einzige Möglichkeit, Scheinträchtigkeiten zu verhindern, ist die Kastration. Dabei werden die Gebärmutter und die Eierstöcke der Hündin operativ entfernt. Das beugt auch der Gefahr einer möglichen Gebärmutterentzündung vor. Wird die Entzündung nicht rechtzeitig bemerkt und die Hündin notoperiert, endet sie meist tödlich.

Was tun bei Scheinträchtigkeit?

Nach der Läufigkeit sollten Sie Ihre Hündin etwas kurz halten, was das Futter anbelangt. In freier Natur wird nämlich in futterknappen Zeiten kein Nachwuchs ausgetragen. Sorgen Sie für Abwechslung und beschäftigen Sie Ihre Hündin. Das lenkt sie ein bisschen von ihrer Mutterrolle ab. Entfernen Sie die »Ersatzbabys«. Sind keine Welpen da, kann sich der Mutterinstinkt nicht so stark entwickeln.
Gerät Ihre Hündin zu stark aus ihrem seelischen Gleichgewicht, sollten Sie in Erwägung ziehen, mit ihr zum Tierarzt zu gehen. Dort bekommt sie Hormonspritzen, die ihren Hormonen gegensteuern und sie wieder ins Gleichgewicht bringen.

Trächtigkeit und Geburt

In der dritten Woche der Läufigkeit ist die Hündin empfängnisbereit. Sie sucht jetzt den Kontakt zu Rüden, bleibt stehen, wenn diese aufreiten, und lässt sich decken. Die Eizellen werden befruchtet und wandern in die Gebärmutter. Nach ungefähr 63 Tagen Tragzeit ist es so weit und die Hündin bekommt ihre Jungen. Einige Tage zuvor beginnt sie sich ein Nest zu bauen und die Milchleisten schwellen an. Jetzt sollte man ihr eine Wurfkiste bauen, die groß genug ist, damit die Hündin bequem der Länge nach ausgestreckt liegen kann. Zeigen Sie ihr das neue Bett. Teilen Sie Ihrem Tierarzt den Geburtstermin mit und fragen Sie ihn, ob er bereit ist, im Notfall schnell zu Ihnen zu kommen. Meist schafft es die Hündin allein, doch sollte es Komplikationen geben, ist schnelle Hilfe nötig.
Einen Tag vor der Geburt verweigert die Hündin meistens das Futter. Kurz davor verliert sie einen Schleimpfropfen und dann setzen die Wehen ein.
Jeder Welpen kommt in einer eigenen Fruchtblase zur Welt, die die Mutter aufreißt und auffrisst. Sie nabelt den Welpen ab und leckt ihn trocken. Die Welpen werden ungefähr im Abstand von einer Stunde geboren. Läuft alles normal, sollten Sie die Hündin nicht stören. Sie schafft es recht gut allein.

Kaputt geknabbert

2

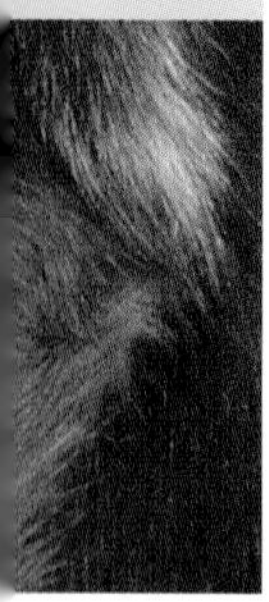

Besonders junge Hunde neigen dazu, auf Dingen herumzukauen, wenn sie allein sind. Handelt es sich dabei um ihr Quietschespielzeug oder um ihren Kauknochen, ist die Welt in Ordnung, doch manchmal vergreifen sie sich bei der Wahl des Objekts: Dann muss Herrchens Lieblingsschuh herhalten oder die antiken Stuhlbeine weisen ein interessantes Knabbermuster auf.

Gründe für die Zerstörung

Langweilt sich ein Hund, sucht er sich seine eigene Beschäftigung. Sind Herrchen und Frauchen zu Hause, kommt er zu ihnen und wird sie zum Spielen auffordern. Ist der Hund allein, kaut er vielleicht ein wenig auf seinem Spielzeug herum. Das ist so weit alles erlaubt.

Überlegen Sie sich gut, womit Ihr Hund spielen darf. Wenn Sie ihm einen alten Schuh zum Herumkauen geben, dürfen Sie nicht aus allen Wolken fallen, wenn er plötzlich Ihren Lieblingsturnschuh auseinander nimmt. Für ihn ist Schuh gleich Schuh. Farbe, Marke und Alter sind ihm egal, und wenn er auf dem einen herumkauen darf, dann auch auf dem anderen.

Manche Hunde leiden unter Trennungsangst. Sind sie allein, bellen, heulen oder winseln sie. Manche gehen dazu über, an Türen und Fenstern zu kratzen, oder zerfleddern Sofakissen und Sonstiges, was ihnen gerade vor die Schnauze kommt. Meist wurden diese Hunde einfach allein gelassen, ohne sie vorher daran zu gewöhnen oder sie haben während des Alleinseins eine negative Erfahrung gemacht (z.B. der Schlagbohrer des Nachbarn).

Hier hilft nur, den Hund in kleinen Schritten wieder an das Alleinsein zu gewöhnen. Machen Sie ihm ab und zu die Tür vor der Nase zu und lassen ihn ein paar Minuten im Zimmer zurück. Steigern Sie langsam die Zeitdauer.

Allein sein

Um dem Hund das Alleinsein zu erleichtern, sollten Sie ihn als Welpen vorsichtig daran gewöhnen. Er muss lernen, dass es gar nicht schlimm ist, eine Zeit lang auf Sie zu warten.

Gehen Sie, bevor Sie das Haus verlassen, mit Ihrem Hund spazieren. Hat er seinen Auslauf gehabt, ist er müde und kann während Ihrer Abwesenheit ein Nickerchen machen. Sie können ihm auch einen Kauknochen geben, auf dem er herumnagen kann.

Veranstalten Sie keine herzzerreißenden Abschiedsszenen, bevor Sie aufbrechen, sonst schwant dem Hund Böses. Tun Sie so, als wäre es das Normalste auf der Welt. Das Gleiche gilt, wenn Sie nach Hause kommen. Begrüßen Sie ihn freundlich, aber nicht zu überschwänglich.

Gehört Ihr Hund zu den zerstörungswütigen, können Sie ihn an eine Transportbox gewöhnen. Hat er sie als »Ersatzhöhle« akzeptiert, wird er während Ihrer Abwesenheit in die Box gebracht.

ALLEIN GELASSEN
Dieser Hund drückt seinen Trennungsschmerz durch lang anhaltendes Bellen aus. Das kann Ihr Nachbarschaftsverhältnis stark belasten.

Der Hund bellt, weil er allein gelassen wurde. Er versucht, andere auf seine Notlage aufmerksam zu machen. Wenn Sie sich in der Nähe befinden, sollten Sie erst zu ihm gehen, wenn er aufgehört hat zu bellen. Denn lernt er erst, dass Sie auf sein Bellen hin zurückkommen, erziehen Sie ihn zum Dauerkläffer. Ihre Nachbarn werden über diesen Lernerfolg wenig Begeisterung zeigen.

Wenn der Hund Schmerzen hat

Schmerzen können verschiedene Ursachen haben. Hat der Hund eine akute Verletzung, beispielsweise durch einen Unfall, lässt er sich an dieser Stelle ungern anfassen und winselt, wenn sie berührt wird. Befindet sich die Verletzung am Bewegungsapparat, wird er versuchen, das entsprechende Bein zu entlasten.

Schmerzen

Hat der Hund Schmerzen, verhält er sich meist anders als sonst. Dem Besitzer, der das normale Verhalten seines Hundes am besten kennt, fallen diese Verhaltensänderungen am ehesten auf und er kann dem Tierarzt wichtige Hinweise geben.
Schmerzen haben verschiedene Urachen. Sie können auf chronische Entzündungen wie beispielsweise Arthrose oder auf akute Verletzungen hinweisen. Der Hund verändert sein Verhalten. Meist ist er etwas ruhiger als sonst und bewegt sich weniger. Stellen, die wehtun, werden entlastet und er reagiert empfindlich auf Berührungen. Ein hochgezogener Bauch und ein leicht gekrümmter Rücken weisen auf Bauchschmerzen hin. Bei chronischen Entzündungen können Hunde richtig griesgrämig werden und aggressiv reagieren, wenn man ihnen zu nahe kommt.
Beobachten Sie Ihren Hund! Wenn er humpelt, bei bestimmten Berührungen winselt, nicht mehr fressen, spielen oder laufen möchte, sollten Sie Ihren Tierarzt aufsuchen, um die Ursache zu klären.
Bei akuten Verletzungen wie beispielsweise stark blutenden Bisswunden sollten Sie Erste Hilfe leisten. Legen Sie einen sauberen Verband an, der nicht einschneidet und nicht rutscht, um die ersten Blutungen einzudämmen, und bringen Sie den Hund behutsam zum Tierarzt.

SICH LANGSAM BEWEGEN
Schmerzen dienen dazu, um weitere Belastungen zu vermeiden. Durch den Schmerz entlastet der Hund das entsprechende Körperteil. Dadurch wird die Stelle geschont und schlimmere Verletzungen durch Überbelastung vermieden.

2

Schmerzen erkennen

Hunde gehen relativ stoisch mit Schmerzen um. Das stille Leiden scheint dabei ein instinktives Verhalten zu sein, denn bei ihren Vorfahren galt: Wer Schmerzen hat, ist verletzlich. Deshalb ist es wichtig, einen Hund, der Schmerzen zu haben scheint, so genau wie möglich zu beobachten, um die Ursache seines Leidens herauszufinden. Falls Ihr Hund sich immerzu an einer Stelle leckt oder kratzt, sollten Sie Ihren Tierarzt um Rat fragen. Weitere Anzeichen für Schmerzen sind Humpeln, exzessives Hecheln, Agressivität und plötzliche Veränderungen im Verhalten ohne einen offensichtlichen Grund.
Arthritis ist eine Krankheit, die häufig bei älteren Hunden auftritt. Hierbei sollten Sie auf kleine, schleichende Veränderungen achten, wie z.B. Lustlosigkeit beim Gassigehen oder Probleme beim Aufstehen.

Krankheiten erkennen

2

Wenn sich Hunde unwohl fühlen, verhalten sie sich etwas anders als sonst. Meistens sind sie lustloser und müder, haben keinen rechten Appetit und zeigen weniger Interesse an ihrer Umwelt. Dem Hundebesitzer, der seinen Hund am besten kennt, fallen diese Anzeichen am ehesten auf und er kann den Tierarzt durch wichtige Hinweise bei der Diagnose unterstützen.

Bin krank

Es gibt einige offensichtliche Zeichen, die darauf hinweisen, dass der Hund krank ist. Sie stehen meist in Verbindung mit akuten infektiösen Krankheiten. Typische Symptome sind mangelnder Appetit, oftmals in Kombination mit einem mangelnden Interesse an seiner Umgebung. Wel-

Vergiftungen

Achten Sie darauf, dass Dinge wie Putz- oder Frostschutzmittel, Farbentferner, Medikamente etc. stets außer Reichweite des Hundes aufbewahrt werden. Doch nicht nur im Haus, sondern auch draußen besteht Vergiftungsgefahr. Vielleicht hat ein Nachbar Rattengift ausgelegt, das Ihr Hund in einem unbeobachteten Moment gefressen hat, oder er ist mit Düngemitteln oder Pflanzenschutzmitteln in Berührung gekommen. Vergiftungen haben viele Gesichter und gelten immer als Notfall. Hat Ihr Hund etwas gefressen oder ist damit in Berührung gekommen, nehmen Sie, wenn möglich, die Packung des Mittels mit und fahren Sie sofort zum Tierarzt. Dieser kann gezielt auf das entsprechende Gift reagieren und dementsprechend behandeln – und das kann das Hundeleben retten!

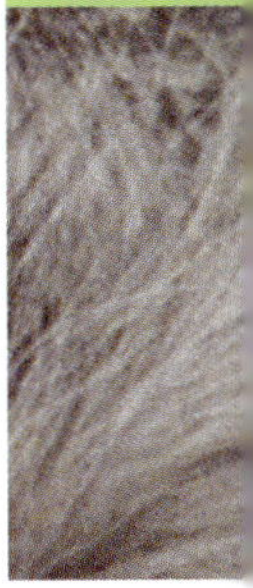

pen werden lethargisch und zeigen nichts von ihrem Übermut und ihrer natürlichen Neugier. Ein Tierarztbesuch ist dann dringend notwendig!
Offensichtliche Krankheitssymptome, bei denen Sie sofort einen Tierarzt aufsuchen sollten, sind Probleme beim Wasserlassen, Schwäche, Apathie, Erbrechen, Durchfall, Appetitlosigkeit, Verweigerung von Wasser oder Ausfluss aus Augen, Ohren oder Nase.

AUF SYMPTOME ACHTEN
Ein krankes Tier hat wenig Interesse an dem, was um ihn herum geschieht. Das kann der erste Hinweis darauf sein, dass der Hund krank ist.

Aber auch Überhitzung, Unterkühlung, Schock, äußere und innere Verletzungen, Knochenbrüche und Insektenstiche im Mund- und Rachenraum erfordern sofortige tierärztliche Behandlung.

Prophylaxe

Kontrollieren Sie täglich die Augen, Ohren, Zähne, Pfoten und Analregion. Die äußeren Gehörgänge sollten einmal wöchentlich mit etwas Babyöl ausgewischt werden. Bürsten Sie das Fell und suchen Sie Ihren Hund nach Parasiten wie Zecken und Flöhen ab. Die tägliche Pflege hilft Ihnen, den Hund gesund zu erhalten, die Bindung zu stärken und mögliche Krankheiten rechtzeitig zu erkennen. Lassen Sie Ihren Hund regelmäßig impfen und entwurmen. Das schützt ihn vor ansteckenden Infektionskrankheiten und hilft gegen Parasiten. Außerdem gibt es dem Tierarzt Gelegenheit, sich einen Eindruck vom Gesundheitszustand des Hundes zu verschaffen.

GUT ERZOGENE HUNDE

In der heutigen Gesellschaft ist es wichtig, dass alle Hunde gut erzogen sind. Hunde, die Jogger jagen oder durch schlechtes Benehmen auffallen, schädigen den Ruf unserer Vierbeiner und sind in unserer immer enger werdenden Gesellschaft nicht gern gesehen.

Wie Sie sich mit Ihrem Hund verständigen

Bisher haben Sie gelesen, wie sich Hunde untereinander verständigen, und erfahren, wie sich Hunde Menschen gegenüber ausdrücken, um ihre Bedürfnisse und Gefühle mitzuteilen. Doch wie sagen Sie es Ihrem Hund? Im folgenden Kapitel erfahren Sie, wie Sie Ihrem Hund deutlich machen können, was Sie von ihm wollen. Erziehung, Spiel, Fütterung, Begegnungen mit anderen Tieren, Krankheit, Aggression und das Alter werden auf den folgenden Seiten behandelt. Sie bekommen Tipps an die Hand, mit denen Sie Ihr gemeinsames Leben gut meistern und eine tolle Mensch-Hund-Beziehung aufbauen können.

Erziehung und Spiel – das versteht Ihr Hund!

Hunde lernen gern und freuen sich, wenn sie etwas richtig gemacht haben und dafür belohnt werden. Sie legen sich richtig ins Zeug, um ihrem Besitzer zu gefallen. Das ist die Grundlage für unsere Erziehung. Alles was erwünscht ist, wird gelobt und belohnt, und alles was wir nicht so gern sehen, wird ignoriert.

Gemeinsame Unternehmungen wie spannende Spaziergänge und tolle Spiele intensivieren die Mensch-Hund-Beziehung. Ihr Hund ist für jede gemeinsame Unternehmung dankbar und wird begeistert mitmachen, wenn Sie ihn auffordern. Dadurch werden Sie richtig interessant für Ihren Hund und er wird gern zu Ihnen kommen, um zu sehen, was Sie sich wieder Tolles ausgedacht haben.

Konsequenz ist das A und O der Hundeerziehung. Hunde verstehen »ja« und »nein«, doch für »ausnahmsweise, weil ...« ist im Hundehirn kein Platz, denn Hunde haben eine andere Logik. Daher ist es wichtig, dass Sie sich gut überlegen, was Ihr Hund darf und was nicht – und das wird immer und von allen Familienmitgliedern eingehalten. Klingt ziemlich einfach, doch glauben Sie mir: Das ist von allen Erziehungsregeln diejenige, die am schwierigsten einzuhalten ist!

Alltagssituationen meistern

Doch es gibt auch noch andere Situationen, die im Alltag bewältigt werden müssen. Hunde werden auch mal krank und man sollte wissen, wann es Zeit für einen Tierarztbesuch ist. Manchmal gibt es auch Rangeleien unter Hunden und es stellt sich die Frage, ob man eingreifen sollte oder nicht. – Das sind Situationen, in denen man nicht viel Zeit hat, um zu überlegen. Daher ist es gut, wenn man sich vorher schon Gedanken gemacht hat und im Ernstfall schnell agieren kann.

Welpen erziehen

Auch einer Hündin kann es zu bunt werden, wenn ihre Welpen außer Rand und Band geraten und ihr auf der »Schnauze« herumtanzen. Wie Menschenkinder auch, bekommen die Hundekinder einen Rüffel – und zwar auf Hundeart: Mama fährt herum, knurrt sie an und umfasst die Schnauze des Frechdachses mit ihrem Maul. Das ist der so genannte Schnauzgriff.

SCHLUSS JETZT
Die Mutter warnt ihren Welpen, indem sie mit ihrer Schnauze die Schnauze des Sprösslings umfasst. Das heißt unter Hunden: Jetzt ist Schluss! Die Kleinen akzeptieren das Signal und toben woanders weiter.

Unmut äußern

Die Hündin äußert ihren Unmut über das Verhalten ihrer Sprößlinge durch Körpersprache und Laute: Sie ignoriert den Welpen, wenn er zu wild wird, sie jault, wenn er zu hart zubeißt, und wenn er ihr wirklich auf die Nerven geht, kommt der Schnauzgriff an die Reihe.
Auch Sie können sich bei der Welpenerziehung den Schnauzgriff zunutze machen. Wenn Ihr Welpe gerade etwas frisst, das absolut verboten ist, können Sie mit der Hand von oben seinen Fang umfassen und ein grollend-knurrendes Nein ausstoßen. Das wird ihm sicherlich Respekt einflößen und er wird den Gegenstand fallen lassen. Allerdings ist der Schnauzgriff eine Disziplinierungsmaßnahme, die die Hündin nur anwendet, wenn es wirklich sein muss. Also überlegen Sie sich gut, ob er wirklich nötig ist oder ob Sie Ihren Welpen anderweitig zur Vernunft bringen können. Er soll ja nicht gleich eingeschüchtert werden.

Aus, oder ein kleiner Tauschhandel

Hat Ihr Welpe etwas im Maul, das Sie haben wollen, sollten Sie ihm das Kommando »Aus« beibringen. Da er das tolle Spielzeug sicherlich nicht hergeben möchte und wir ihn auch nicht grob dazu zwingen wollen, gehen wir ein Geschäft mit ihm ein: Wir tauschen! Bieten Sie ihm einen Gegenstand an, der noch viel interessanter ist. Das kann ein Leckerchen oder ein anderes Spielzeug sein. Machen Sie es spannend, indem Sie nur Augen für den neuen Gegenstand haben. Das wird Ihren Hund brennend interessieren. Kommt er an, halten Sie es ihm hin. In dem Moment, in dem er das »alte« Spielzeug fallen lässt, sagen Sie »Aus« und reichen ihm das neue. Wiederholen Sie das einige Male. Nach einigen Übungseinheiten hat der Welpe Folgendes gelernt: Wenn ich »Aus« höre, lasse ich den Gegenstand aus meinem Maul fallen und bekomme dafür etwas viel Besseres, beispielsweise ein Leckerchen, und Frauchen freut sich.

Moderne Erziehungsmethoden

Rigide Methoden wie Brüllen, Hauen, Nackenschütteln gehören inzwischen längst der Steinzeit an und haben in der modernen Hundeerziehung nichts zu suchen. Wenn Sie es schaffen, Ihrem Hund von Anfang an zu zeigen, dass Sie der ideale Rudelchef sind, werden kaum Situationen entstehen, in denen Sie durchgreifen müssen. Sie sind derjenige, der Futter »findet«. Sie sind derjenige, der tolle Spiele mit ihm macht – aber auch derjenige, der das Spiel beendet. Sie sind derjenige, der bestimmt, wann geschmust wird und wann Schluss damit ist. Sie finden tolle Spaziergehrouten und bringen ihm spannende Sachen bei. Sie sind immer fair und konsequent: Erlaubtes ist immer erlaubt, Verbotenes immer verboten. Das sind doch ideale Grundvoraussetzungen für einen Rudelchef, finden Sie nicht auch?
Macht Ihr Hund seine Sache gut, wird er sofort gelobt. Das wird ihm gefallen und er legt sich mächtig ins Zeug, um seinem Herrchen zu gefallen. Macht er Blödsinn, indem er z.B. hochspringt, wird er ignoriert: Kein Lob, kein Tadel, gar nichts. Das Verhalten hilft ihm nicht weiter, also lässt er es bald bleiben.

3

Aufmerksamkeit gewinnen

Das A und O für die Mensch-Hund-Kommunikation ist die gegenseitige Beachtung: Wie sollen Sie Ihren Hund verstehen, wenn Sie ihn gar nicht beachten? Das Ganze gilt auch umgekehrt: Beachtet Ihr Hund Sie nicht, können Sie Ihre Kommunikationsversuche auf der Stelle abbrechen. Bemühen Sie sich darum, seine Aufmerksamkeit auf sich zu lenken, alles andere hat keinen Sinn.

Kommen garantiert?!

Eines der Kommandos, das jeder Hund beherrschen sollte, ist »Komm«. Wenn Sie ihn rufen, sollte er idealerweise sofort zu Ihnen kommen – egal, ob Rehe übers Feld hüpfen, das Käsebrötchen verlockend hinter der Hecke duftet oder der eingebildete Dackel aus der Nachbarschaft eigentlich noch eine kleine Abreibung verdient hätte. Daher sollten Sie schon von Welpenbeinen an anfangen zu üben. Beginnen Sie im Haus in ablenkungsarmer Umgebung. Setzen Sie sich auf den Fußboden und rufen Sie Ihren Welpen zu sich. Kommt er, wird er überschwänglich gelobt, weil er es so toll gemacht hat, und bekommt ein Leckerchen oder Sie spielen mit ihm. Das üben Sie mehrmals täglich in kleinen Häppchen. Hat er verstanden, was »Komm« bedeutet, gehen Sie in den Garten. Hier ist schon etwas mehr los und es wird jetzt schwieriger für Sie, seine Aufmerksamkeit zu gewinnen. Rufen Sie nur, wenn er zu Ihnen sieht und sich nicht gerade mit dem dicken Käfer, der über den Rasen krabbelt, beschäftigt. So ist die Chance auf einen Erfolg deutlich höher, und Misserfolge wollen wir tunlichst vermeiden. Er soll erst gar nicht auf die Idee kommen, dass es auch funktioniert, wenn er auf Ihr Kommando hin bleibt, wo er ist. Bauen Sie »Komm« auch auf Spaziergängen ein, wenn er angeleint ist.

Augen nur für Sie?

Kommunikation funktioniert nur, wenn zwei Individuen Signale senden und auch empfangen. Sie können die schönsten Kurzmitteilungen in Ihr Handy tippen – was nutzen sie, wenn der Empfänger sie nicht liest? Ähnlich ist es auch bei der Verständigung mit dem Hund: Brüllen Sie sich ruhig die Seele aus dem Leib! Hat Ihr Hund das Rudel Rehe im Kopf, das er gerade jagt, sind Sie sozusagen ausgeblendet. Im Gegenteil: Sie teilen ihm lautstark mit, dass Sie ja noch in der Nähe sind. Was soll er da befürchten? Damit es gar nicht erst so weit kommt, sollten Sie sichergehen, dass Sie seine Aufmerksamkeit haben. Und wie?, werden Sie fragen. Drehen Sie doch einfach mal den Spieß um! Stopp! Sie sollen jetzt keine Rehe jagen! Doch wenn Ihr Hund ignorant durch die Gegend schlendert, wer sagt denn, dass Sie ihm folgen müssen?

- Gehen Sie in die andere Richtung und beachten Sie ihn nicht. Wann merkt er, dass Sie nicht mehr bei ihm sind? (An Hauptstraßen nicht zu empfehlen!)
- Verstecken Sie sich hinter einem Baum, und loben ihn, wenn er Sie gefunden hat.

3

- Interessieren Sie sich plötzlich für eine bestimmte Stelle. Wenn Sie sich beispielsweise intensiv mit einem Mauseloch beschäftigen, wird es seine Neugier wecken.
- Rufen Sie ihn ab und zu im Flüsterton und gehen Sie ein paar Schritte weg. Kommt er, loben Sie ihn und geben ihm ein Leckerchen, danach darf er wieder flitzen. Bald hat er nur noch Augen für Sie!

AUFMERKSAMKEIT GEWINNEN
Wie wär's mit etwas Seetang? Diese Hundehalterin hat sich das Meeresgestrüpp zunutze gemacht, um die Aufmerksamkeit ihres Hundes zu gewinnen. Und sein Kommen wird sofort mit einem schönen Spiel belohnt.

Vertrauenssache

Welpen leben sich sehr schnell in einee neuen Familie ein und akzeptieren ihre Menschen problemlos als Ersatzrudel. Bei älteren Hunden dauert es oft etwas länger, da sie entweder noch stark an ihrem Vorbesitzer hängen oder im Laufe ihres Lebens schlechte Erfahrungen im Umgang mit Menschen gemacht haben. Geben Sie ihnen etwas Zeit und behandeln Sie sie liebevoll und konsequent – dann tauen auch solche Hunde auf.

DREI, DIE SICH GUT VERSTEHEN
Hunde bringen den Menschen in ihrer Umgebung schnell Vertrauen entgegen und bauen eine enge Beziehung zu ihren Familienmitgliedern auf.

Willkommen im neuen Zuhause

Sie haben einen neuen Hund? Herzlichen Glückwunsch! Sicherlich sind Ihre Verwandten, Freunde und Nachbarn ganz erpicht darauf, das neue Familienmitglied kennen zu lernen. Doch gönnen Sie Ihrem Hund in den ersten Tagen ein wenig Ruhe. Für ihn ist alles neu: der Schlafplatz, die Wohnung, das Auslaufgebiet, sein Herrchen, sein Frauchen. Geben Sie ihm Zeit, sich erst mal mit »seiner« Familie und seiner neuen Umgebung vertraut zu machen. Tante Kätchen und Onkel Max können ihn auch zwei bis drei Wochen später begrüßen.

Es hilft Ihrem Hund, wenn Sie sich von vornherein an feste Tagesabläufe halten, in denen er geregelte Futter-, Ruhe- und Spaziergehzeiten gibt. Besonders in den Ruhezeiten sollte der Hund auch wirklich seine Ruhe haben dürfen. Der Neuling macht gerade viele Erfahrungen und die müssen auch verarbeitet werden – das geht am besten im Schlaf.

So ein tolles Herrchen!

Sicherlich wollen Sie ein tolles Herrchen oder Frauchen sein. Dazu benötigen Sie von vornherein klare Regeln, die Sie und Ihre Familie immer und überall einhalten müssen. Das klingt auf den ersten Blick ganz einfach, doch ist es nicht! Wer von uns ist nicht schon mal dem schmachtenden Hundeblick erlegen und hat heimlich ein Stück Wurst unter den Tisch geschoben, obwohl man den Hund nie vom Tisch füttern wollte? Einmal ist keinmal, denken Sie, doch Ihr Hund lernt, wenn es einmal funktioniert, dann auch beim nächsten Mal. Dann muss er eben etwas stärker betteln. Wenn Sie jetzt mit ihm schimpfen, versteht er die Welt nicht mehr: Gestern hat es doch noch geklappt. Hunde brauchen ein klares Ja und ein eindeutiges Nein. Sie benötigen eine Hierarchie, in der sie ihren festen Platz haben. Sie wollen liebevoll und fair behandelt werden, wollen ihre Aufgaben erfüllen und überall dabei sein.

Hunde aus zweiter Hand

Konnten Sie den traurigen Blick hinter der Tierheimtür nicht widerstehen und haben sich dafür entschieden, einen armen Tropf mit nach Hause zu nehmen? Prima! Allerdings sollten Sie bedenken, dass jeder dieser Hunde seine eigene Vorgeschichte hat. Manche wurden inkonsequent erzogen und haben sich selbst zum Chef ernannt. Die Menschen wurden ihrer nicht mehr Herr und haben sie abgegeben. Vielleicht ist so ein Hund schon durch mehrere Hände gewandert, bevor er zu Ihnen kam. Andere wiederum kommen aus Spanien oder Italien und sind auf der Straße groß geworden. Ihnen fehlt meistens die wichtige Sozialisierungszeit mit Menschen. Wieder andere wurden geschlagen und haben schlechte Erfahrungen mit Menschen gemacht. Alle Hunde brauchen Zeit, Geduld und vor allem Konsequenz. Stellen Sie klare Regeln auf, strahlen Sie Souveränität und Ruhe aus. Zeigen Sie, dass Sie der vertrauenswürdige Rudelchef sind, dem man sich gefahrlos anschließen kann. Wenn Sie es nicht allein schaffen, ist es keine Schande – andere haben es vor Ihnen auch nicht hinbekommen. Fragen Sie einen Hundetrainer um Rat.

3

Anderen Haustieren richtig begegnen

Manche Menschen besitzen einen kleinen Zoo. Hier lebt der Hund Seite an Seite mit drei Katzen, zwei Meerschweinchen, einem pummeligen Zwergkaninchen und einem frechen kleinen Pony – und alle vertragen sich prächtig. »Das geht?«, wird sich manch Hundehalter fragen. Ja, das geht! – Wenn man die Tiere beizeiten aneinander gewöhnt.

Hund und Katz

Meist sind die Beiden keine Freunde. Beide haben zwar eine ähnliche Körpersprache, doch die gleichen Ausdrücke haben unterschiedliche Bedeutungen. Wedelt der Hund mit dem Schwanz, freut er sich. Wedelt die Katze, ist sie äußerst schlecht gelaunt. Legt sich der Hund auf den Rücken und zeigt Beschwichtigungsgesten, unterwirft er sich, während sich die Katze auf den Rücken rollt, um sich besser verteidigen zu können. Wie Sie sehen, sind Missverständnisse vorprogrammiert. Der Hund auf dem Bild scheint schon schlechte Erfahrungen mit Mieze gemacht zu haben ...
Wachsen die beiden miteinander auf, haben Sie die Möglichkeit, »Fremdsprachen« zu lernen. Der Hund lernt, die Katze zu verstehen, und umgekehrt, und so können die Beiden gute Freunde werden.

Der Lernprozess

Familienmitglieder haben viele Gesichter. Der Hund muss nur beizeiten lernen, wer zur Familie gehört und wer nicht. Sie erinnern sich sicher an das Kapitel mit der Sozialisierungsphase. Das, was der Hund in den ersten Lebenswochen lernt, prägt er sich lang anhaltend ein und es bestimmt sein späteres Verhalten. Wenn Sie einen Welpen aufnehmen, haben Sie eine ideale Grundlage, um ihn in vertrauter Umgebung mit seinen neuen Kameraden bekannt zu machen. Gehen Sie jedoch behutsam vor und stellen Sie ihm nicht alle neuen Familienmitglieder auf einmal vor. Eine fauchende Katze, ein hektisch hüpfendes Kaninchen und laut quiekende Meersäue könnten zu viel des Guten sein. Da Meerschweinchen und Kaninchen meist im Käfig leben, sollten Sie den Hund zuerst der Katze vorstellen, denn dieser könnte er öfter begegnen. Setzen Sie die beiden auf neutralem Gebiet zusammen und erzwingen Sie keinen Kontakt. Streicheln und füttern Sie beide, damit sie einen positiven Eindruck vonein-

ander bekommen. Es kann passieren, dass der Welpe etwas aufdringlich wird und die Katze ihm eins mit der Pfote verpasst. Er wird schnell lernen, wie weit er gehen darf und wo seine Grenzen sind.
Bei Meerschweinchen und Kaninchen sollten Sie darauf achten, dass Ihr Jungspund keinen Gefallen daran findet, die kleinen Tierchen durch die Wohnung zu scheuchen. Die Katze weiß sich zu helfen, doch bei den Beiden dürfen Sie erst gar nicht zulassen, dass in ihm das Beuteschema »großer Hund – lecker Frühstück« heranreift. Gehen Sie wie bei der Katze vor: Füttern und loben Sie beide Tiere, wenn sie ihre Anwesenheit tolerieren.

ROLLENTAUSCH?
Dieser Hund ist anscheinend brennend an der Karotte interessiert und nicht an dem Kaninchen. Er hat den Mümmelmann als Familienmitglied akzepiert, dem man hin und wieder eine Möhre stibitzen kann.

3

Richtig füttern

Zu den absoluten Höhepunkten eines Hundetages gehören die Fütterungen. Wird er immer zur gleichen Zeit gefüttert, kann er es kaum erwarten und wird pünktlich an seinem Futterplatz eintreffen. Hunde besitzen eine ziemlich gut funktionierende innere Uhr, wenn die Tagesroutine eingehalten wird. Sollten Sie vergessen, die Futterschüssel zu füllen, wird er Sie schon daran erinnern.

OHNE SITZ KEIN ESSEN!
Nichts im Leben ist umsonst. Das gilt auch für Ihren Hund. Bevor er seine Futterschüssel bekommt, soll er sich hinsetzen und geduldig warten, bis er an der Reihe ist. Solche Rituale festigen die Hierarchie in Ihrem Mensch-Hund-Team und sichern Ihnen den Chefposten, ohne dass Sie Druck ausüben müssen.

Kein Interesse

Hunde fressen normalerweise sehr gierig – sie schlingen ihr Futter regelrecht, ohne zu kauen. Zeigt ein sonst recht verfressener Vierbeiner keinen rechten Appetit, sollten erste Alarmglocken schrillen, denn Appetitlosigkeit weist meist auf gesundheitliche Probleme hin. Vielleicht hat er eine Viruserkrankung aufgegabelt und sein mangelnder Appetit ist das erste Anzeichen. Oder er hat eine Zahnentzündung. Dabei fressen die Hunde sehr vorsichtig, um Schmerzen zu vermeiden.
Bei ängstlichen Hunden kann es sein, dass die Futterstelle zu laut und hektisch ist, z.B. wenn viele Menschen daran vorbeilaufen. Sorgen Sie dafür, dass er beim Essen ungestört ist. Wird sein Fressverhalten normal oder möchte er immer noch nicht fressen? Sollte sich der Appetit nach ein bis zwei Tagen nicht wieder normalisieren, sollten Sie Ihren Tierarzt aufsuchen.
Wenn das Futter umgestellt wurde, werden manche Hunde auch etwas mäkelig. Nehmen Sie die Umstellung langsam vor, indem Sie dem alten täglich etwas mehr neues Futter untermischen.

Routinen rund um den Futternapf

Mit zunehmendem Alter verringert sich die Anzahl der Futterrationen, die Ihr Welpe am Tag erhält. Behalten Sie dennoch von Anfang an denselben Ablauf bei, sodass der Welpe schnell lernt, was von ihm erwartet wird. Dieser Ablauf sollte immer gleich sein, ganz egal, wer den Hund füttert. Die Fütterung ist ein idealer Zeitpunkt, um dem Hund ein paar Gehorsamsübungen beizubringen, da Sie jetzt seine volle Aufmerksamkeit haben. Für alles, was er nun zeigt, wird er anschließend mit seiner Schüssel belohnt. Also nutzen Sie den Moment.

- Rufen Sie Ihren Welpen deutlich bei seinem Namen. Das hilft ihm, seinen Namen zu lernen. Ihr Hund ist zudem stark motiviert und wird für sein Leben gern angerannt kommen, denn schließlich gibt es Futter – also eine positive Verknüpfung für das Kommando »Komm«.
- Bereiten Sie das Essen vor, bevor Sie Ihren Welpen rufen, sodass er nicht lange warten muss. Wird er ungeduldig, beginnt zu winseln und bekommt dann sein Fressen, wird er für sein Gejammer belohnt – und das wollen Sie sicher nicht.
- Bellt oder winselt Ihr Hund, gibt es gar nichts. Nur wenn er schön brav die Schnauze hält und sich benimmt, führt sein Benehmen zum Erfolg.
- Bevor er seine Futterschüssel bekommt, soll er zeigen, was er kann. Ohne ein wunderschönes »Sitz« oder ein anderes Kunststückchen Ihrer Wahl gibt es gar nichts. Der Hund muss die Übung allerdings schon beherrschen, die Sie ihm abverlangen. Alles andere führt zu Frustrationen seitens des Hundes.
- Hat er seine Schüssel bekommen, lassen Sie ihn in Ruhe fressen. Noch vor einigen Jahren gab man den Tipp, der Besitzer solle ab und zu den noch vollen Napf wegnehmen. Inzwischen hat man begriffen, dass man damit nur den Futterneid und mögliche Futteraggressionen schürt. Sie fänden es wahrscheinlich auch nicht witzig, wenn der Ober Ihren gerade servierten Teller abräumen käme.

3

Hundeerziehung – wie bringt man's am besten bei?

Hunde sind sehr wissbegierig und lernen gern und schnell. Sie wollen ihrem Menschen gefallen und alles richtig machen. Die Kunst liegt darin, dem Vierbeiner verständlich zu machen, was man von ihm erwartet. Auch ein gebrülltes »Sitz« hilft gar nichts, wenn er das Kommando nicht gelernt hat. Für ihn ist es reines Fachchinesisch ohne jede Bedeutung.

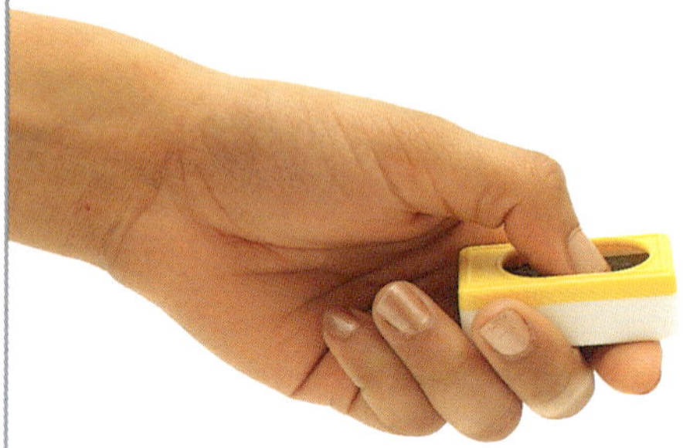

Der Clicker – Knackfrosch mit Erziehungseffekt

Ein Clicker ist eine kleine Blechzunge in einem Plastikkästchen, die ein sehr schönes Klick-Klack-Geräusch macht, wenn man draufdrückt. Zu Beginn ist dieses Geräusch für den Hund ein Geräusch wie jedes andere. Bekommt er aber nach jedem Click ein Leckerchen, wird dieses Geräusch bald das interessanteste auf der ganzen Welt sein. Der Hund verknüpft, dass Click = Leckerchen = Belohnung bedeutet. Hat er das begriffen, können Sie den Clicker in die Erziehung einbauen, denn jetzt können Sie jedes Verhalten punktgenau belohnen. Hier ein Beispiel: Ihr Hund rennt einige hundert Meter von Ihnen entfernt durch die Wiese und Sie rufen ihn. Sobald er sich zu Ihnen umdreht, können Sie den ersten Ansatz mit einem Click belohnen. Kommt er, clicken Sie, und ist er bei Ihnen, noch ein Click und Leckerchen.

Auf den Grundlagen aufbauen

Die Grundvoraussetzung für jedes Lernen ist, dass Sie die volle Aufmerksamkeit des Hundes haben. Damit er sich konzentrieren kann, sollten Sie Ihre Übungen in einem ablenkungsarmen Raum beginnen. Beherrscht er die Übung in dieser Umgebung, können Sie den Ort wechseln. Üben Sie im Garten, im Park, mit anderen Hunden usw., bis er sie überall und zu jeder Zeit ausführen kann. Steigern Sie Ihre Anforderungen langsam, damit Sie ihn nicht überfordern.

Erfolgreiche Verständigung

Sie erinnern sich sicherlich, dass ein Hund viel eher auf Körpersprache reagiert als auf Stimme. Daher bietet es sich an, ihm mithilfe der Körpersprache zu verdeutlichen, was Sie von ihm wollen. So bringen Sie ihm beispielsweise »Sitz« bei:

- Nehmen Sie ein Leckerchen in die Hand und führen es über dem Kopf des Hundes nach hinten.
- Er wird sicher wissen wollen, wohin das Leckerchen geht, und folgt ihm mit dem

Kopf. Da er sich nach hinten biegen muss, ist es leichter, wenn er sich setzt.

- Jetzt bekommt er sofort das Leckerchen und wird gelobt.
- Wiederholen Sie die Übung einige Male.
- Klappt es ganz gut, können Sie den Zeigefinger der anderen Hand hochheben (das ist das Sichtzeichen für »Sitz«) und das Hörzeichen »Sitz« einführen.
- Nach und nach wird die Bewegung mit dem Leckerchen immer schwächer angedeutet und durch Sicht- und Hörzeichen ersetzt.
- Wenn er die Übung beherrscht, können Sie »Sitz« auch in Ihre Spaziergänge in anderer Umgebung einbauen.

KURZE TRAININGS-EINHEITEN
Wenn Sie sich mit Ihrem Hund verständigen wollen, ist es wichtig, dass Sie seine volle Aufmerksamkeit haben. Halten Sie die Trainingseinheiten kurz, damit er sich voll auf Sie konzentrieren kann.

Leine oder keine?

Wenn Hunde noch nicht hundertprozentig auf den Ruf ihres Herrchens hören, ist es ratsam, sie in der ersten Zeit an der Schleppleine zu lassen. Besonders junge Jagdhunde vergessen hin und wieder ihre gute Erziehung, wenn ihnen eine frische Fährte in die Nase weht. Herrchen ist abgeschrieben und der passionierte Jäger befindet sich auf einer fröhlichen Hetzjagd. Der Alptraum eines jeden Hundehalters!

Vorausplanen

Gehört Ihr Vierbeiner zu den passionierten Jägern, sollten Sie sich bewusst sein, dass er lieber seiner Jagdleidenschaft frönt, als mit Ihnen das frisch eingeübte »Komm« zu exerzieren. Das Jagen ist für den Hund so selbstbelohnend, dass Ihre mitgebrachten Futterhäppchen nicht dagegen ankommen. Verhalten Sie sich also vorausschauend und nehmen Sie Ihren Vierbeiner in wildreichen Gegenden an die Leine, damit er gar nicht erst in Versuchung gerät. Das kann ruhig eine lange Schleppleine sein, mit der er links und rechts am Wegesrand schnuppern darf. Allerdings ist es Ihr Rettungsseil, sollte er Anstalten machen, seine eigenen Wege zu gehen.

▸ Wenn Sie sich in Gegenden aufhalten, in denen es kein Wild gibt, kön-

nen Sie ihn frei laufen lassen und Ihr »Komm« festigen.

- Rufen Sie ihn ab und zu und belohnen Sie ihn, wenn er kommt. Anschließend darf er wieder loslaufen. So verbindet er »Komm« mit etwas Angenehmem und es bedeutet nicht, dass er gleich wieder an die Leine muss.
- Ist Ihr Hund unaufmerksam, verstecken Sie sich hinter einem Baum oder ändern Sie Ihre Route. Er soll auf Sie achten, nicht umgekehrt! Kommt er angeflitzt, loben Sie ihn selbstverständlich.

Erziehungsückschläge

Ihr Welpe war immer der Musterschüler in der Welpengruppe? Er konnte »Sitz«, »Platz«, »Bleib«, »Komm«, »Aus« und was ein Hund noch so alles können muss? Und plötzlich ist alles vorbei?
Seien Sie nicht frustriert, das geht fast allen Hundehaltern so! Wie die Menschen auch, kommen Hunde in die Pubertät. Sie werden geschlechtsreif und kommen in eine regelrechte Flegelphase.
Jugendliche Wölfe begehren in freier Wildbahn erstmals gegen den Rudelchef auf. Meist werden sie in ihre Schranken verwiesen und bleiben noch ein bis zwei Jahre, bis sie sich vom Rudel trennen, um ihre eigene Familie zu gründen.
So ist es auch bei unseren Hunden. Sie haben anderes im Kopf und scheinen alles Erlernte vergessen zu haben. Sie beginnen zu testen, wer der Herr im Haus ist. Lassen Sie sich nichts gefallen! Ignorieren Sie Aufdringlichkeiten! Hört er nicht auf, dürfen Sie jetzt auch einen Schnauzgriff anwenden. Sorgen Sie dafür, dass der Hund seinen Platz verlässt, wenn Sie sich aufs Sofa setzen wollen – sofern Ihr Hund aufs Sofa darf. Schrauben Sie Ihre Ansprüche in puncto Erziehung ein wenig zurück. Meistens dauert es nicht allzu lange, bis sich wieder alles normalisiert.

SPRING!
Beim Agility wird der Hund durch Handzeichen und Zuruf über die Hindernisse dirigiert. Das Mensch-Hund-Team muss dabei ganz schön auf Zack sein.

3

Ball spielen

Manche Hunde sind begnadete Ballspieler und geraten ganz aus dem Häuschen, wenn sie ihr Lieblingsspielzeug erspähen. Herrchen wirft, Hund rast los, fängt den Ball und bringt ihn wieder zurück. Und noch mal! Ein Spiel, das dem Bewegungsdrang und dem Beutefangschema des Hundes gerecht wird.

Apportieren

Das Ballspielen bietet eine gute Gelegenheit, dem Hund das Apportieren beizubringen. Denn nur wenn er den Ball zurückbringt und ausgibt, können Sie ihn erneut werfen. Locken Sie den Hund zu sich. Kommt er, loben Sie ihn ausgiebig. Jetzt bieten Sie ihm ein Leckerchen zum Tausch an: Du gibst mir den Ball, dann bekommst du das Leckerchen! Noch während er den Ball fallen lässt – idealerweise in Ihre Hand, die Sie unter seine Schnauze halten –, sagen Sie »Aus«. Jetzt loben Sie ihn, er erhält sein Leckerchen und Sie werfen den Ball von neuem.

Je nach Alter, Rasse und Ballbegeisterung kann das Spiel ins Unermüdliche gehen. Wird Ihr Hund zu wild und verausgabt sich zu sehr, brechen Sie das Spiel ab und stecken den Ball in die Tasche.

Trainingsmöglichkeiten

Ball spielen macht den meisten Hunden Spaß. Das Spiel intensiviert die Bindung zwischen Mensch und Hund und sorgt für Bewegung. Ganz nebenbei kann man noch ein paar Erziehungseinheiten einbauen, denn schon das Weiterspielen dient als Belohnung.

Spielregeln

Wenn Sie Ihrem Hund höchsten Spielgenuss bieten möchten, dann gelten folgende Spielregeln:

- Achten Sie darauf, dass der Ball für Ihren Hund groß genug ist. Kleine Bälle könnten im Eifer des Gefechts verschluckt werden und im Hals stecken bleiben.
- Normale Fußbälle können zwar in eine Richtung gestupst werden, aber sie sind zu groß, um vom Hund herumgetragen zu werden. Beim Versuch, den Ball aufzunehmen, macht der Hund ihn mit seinen Reißzähnen kaputt und bereitet dem Spiel ein vorzeitiges Ende.
- Ihr Hund darf Sie gern zum Spielen auffordern, doch Sie sind derjenige, der entscheidet, ob Sie die Einladung annehmen möchten oder nicht. Sie sind auf jeden Fall derjenige, der das Spiel beendet!

▸ Die Spielsachen sollten nicht rund um die Uhr zur Verfügung stehen. Ein Ball, den Sie auspacken und hinterher wieder wegschließen, ist viel interessanter als einer, der den ganzen Tag unter dem Sofa herumliegt.

▸ Kommen andere Hunde hinzu, sollten Sie den Ball einstecken, bevor es zu Streitereien kommt.

BALLFERTIGKEITEN
Einige Hunde, wie dieser Collie, sind besonders wild auf Ballspiele. Er verwendet seine Vorderpfoten, um zu verhindern, dass der Ball wegrollt. Hunde setzen Schnauze und Pfoten ein, um den Ball vor sich her zu schubsen – sozusagen Hundefußball.

3

Frisbee spielen

3

Manche Hunde sind ganz verrückt auf Frisbeescheiben. Sie jagen dem fliegenden Teller hinterher, fangen ihn aus der Luft und rasen zu ihrem Frauchen zurück, damit sie ihn wieder wirft. In Amerika hat sich schon ein regelrechter Sport rund um die Scheibe entwickelt: das Discdogging. Mit verschiedenen Wurf- und Fangtechniken und Kunststückchen, wie beispielsweise auf den Rücken des Hundeführers springen, bieten Mensch und Hund eine wahre Perfomance.

Spielregeln

Manche Hunde fahren gleich auf die Scheibe ab, andere müssen erst noch lernen, dass man mit dem Ding auch spielen kann. Suchen Sie sich einen zweibeinigen Freund und werfen Sie die Scheibe ein wenig hin und her. Ist die Neugier des Hundes geweckt, packen Sie sie wieder ein. Das erweckt Begehrlichkeiten! Nach einigen Malen darf auch der Hund mitspielen.

- Rollen Sie die Scheibe anfangs über den Boden, dann ist es einfacher für ihn, das Frisbee zu greifen.
- Hat er es, rufen Sie Ihren Hund zu sich und lassen sich das Frisbee geben.
- Wenn er das beherrscht, werfen Sie es flach über den Boden, sodass der Hund sie gut fangen kann. Werfen Sie noch nicht zu fest, denn er soll ja auch eine Chance haben, sein »Ufo« zu schnappen.
- Zielen Sie beim Wurf niemals direkt auf den Hund. Er sollte sich beim Spielen nicht verletzen oder Angst vor der Scheibe bekommen.
- Nun können Sie anfangen, Ihre Würfe zu erweitern und ihm einige Tricks beizubringen, zum Beispiel über Ihre Arme zu springen oder Ihren gebeugten Rücken als Startrampe zu benutzen.

Interessieren Sie sich für den Sport, dann fragen Sie in Ihrer Hundeschule, wer Discdogging-Kurse anbietet.

Fitness und Sicherheit

Zum Frisbee-Spielen gehören schnelles Losspurten, plötzliches Abbremsen und hohe Sprünge. Bei den Sprüngen gibt es wahre »Gummihunde«, die sich in jeder Lebenslage drehen und verrenken, um die begehrte Scheibe aus der Luft zu greifen. Ein Sport, der nicht gerade gelenkschonend und ziemlich anstrengend ist. Frisbees sind also nur etwas für gesunde, fitte Hunde und nichts für dicke Moppel. Wie vor allen Sportarten ist ein kleines Aufwärmtraining angesagt, damit sich die Muskulatur erwärmen kann und keine Bänder- und Sehnenschäden auftreten.

Spielen Sie nicht gerade in der prallen Sommersonne, sonst besteht die Gefahr, dass sich Ihr Hund im Eifer des Gefechts überhitzt. Außerdem sollten Sie eine hundetaugliche Scheibe aus dem Zoofachgeschäft nehmen. Die anderen sind zu hart und könnten Ihren Hund verletzen.

3

Zerrspiele

Das Zerrspiel ist eines der beliebtesten Hundespiele: sozusagen Tauziehen für Vierbeiner! Der Eine hängt am einen Ende des Seils, der Andere am anderen und es wird gezogen, was das Zeug hält. Der, der loslässt, verliert, der Gewinner zieht triumphierend mit dem Strick ab – oder fordert zur nächsten Runde auf. Ein tolles Spiel, auch zwischen Mensch und Hund! Man sollte jedoch einige Regeln beherzigen, damit die Sache nicht aus dem Ruder läuft.

Spielregeln

Kommt Ihr Hund freudestrahlend mit seinem Zerrseil um die Ecke gewedelt und fordert Sie zum Spielen auf, dann steigen Sie doch ein, wenn Sie gerade Zeit und Lust haben! Schnappen Sie sich ein Ende und ziehen und zerren Sie mit ihm um die Wette. Meist ertönt ein brummeliges Spielknurren seitens Ihres Spielkameraden – lassen Sie ihn, solange es nicht zu wild wird! Ab und zu gewinnen Sie, dann lassen Sie das Seil über den Boden huschen, damit er ihm nachjagen darf. Ab und zu gewinnt er. Er wird seine »Beute« ein wenig »totschütteln« und triumphierend mit ihr abziehen. Rennen Sie jetzt bloß nicht hinterher, Sie sind sowieso zu langsam! Tun Sie so, als hätten Sie etwas anderes entdeckt, das tausendmal interessanter ist als das olle Zerrseil. Es wird nicht lange dauern, da steht Ihr neugieriger Vierbeiner neben Ihnen und will wissen, was Sie Spannendes gefunden haben. Sobald er das Seil fallen lässt, kommt Ihre Chance. Zack! Sie schnappen es und das Spiel beginnt von vorn.

Wird Ihr Hund zu wild oder Sie haben lang genug gespielt, sind immer Sie derjenige, der das Spiel abbricht. Sicherlich erinnern Sie sich: Der Rudelchef bestimmt, wann Schluss mit lustig ist! Ein ruhiges »Aus« sollte genügen und Sie stecken das begehrte Seil in Ihre Tasche. Die Spielstunde ist für heute beendet.

Ernstes Spiel

Welpen spielen zwar untereinander auch Zerrspiele, doch sie haben etwas weniger Kraft als wir. Gehen Sie daher bei den weichen Kinderzähnen sehr behutsam vor. Besser, Sie warten sogar, bis das Gebiss ausgereift ist. Ansonsten kann es schnell zu Zahnabsplitterungen oder Gebissfehlstellungen kommen.

Vergreift sich Ihr Hund und schnappt anstelle des Seils Ihre Hand, rufen Sie laut »Au« und brechen das Spiel sofort ab. Auch im Eifer des Gefechts muss Ihr Kumpel Seil von Haut unterscheiden können, ansonsten gibt's kein Spiel mehr!

Kinder sollten nur unter Aufsicht mit Hunden herumtollen. Wird das Spiel nur ansatzweise zu wild, schreiten Sie sofort ein und brechen das Spiel ab – egal ob Ball, Seil oder Frisbee. Ihr Hund braucht gar nicht erst auf die Idee zu kommen, dass er stärker ist als das Kind, denn das könnte böse Folgen haben.

GIB HER!

Dieser Kleine zerrt aus Leibeskräften, denn er muss noch lernen, dass er das Spielzeug auch wieder abgeben muss. Daher hat das Mädchen aufgehört zu ziehen – denn so verliert das Spielzeug seinen Reiz – und hält ein anderes Spielzeug bereit, das sie ihm zum Tauschen anbieten kann.

Sicherheit vermitteln

3

Manche Hunde sind unsicher oder ängstlich. Sie fürchten sich vor fremden Menschen, vor unbekannten Gegenständen oder vor anderen Hunden. Wurde es versäumt, den Hund in seiner Sozialisierungsphase mit Unbekanntem vertraut zu machen, lässt sich das kaum noch nachholen. War es nur ein einmaliges negatives Erlebnis, wird er die Erfahrung verkraften.

FÜHLE MICH UNWOHL
Dieser Hund fühlt sich nicht wohl in seinem Fell. Er hechelt und hat den Rückwärtsgang eingelegt, um sich aus der Umarmung zu winden. Für ihn wirkt die Umarmung eher wie eine Bedrohung.

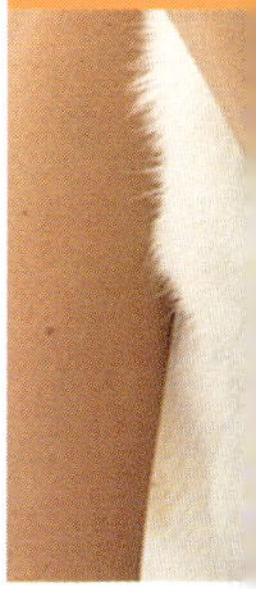

So geben Sie Ihrem Hund Sicherheit

Hunde zeigen deutlich, wenn sie sich unwohl fühlen. Sie beginnen zu hecheln, werden unruhig, wollen sich verstecken oder weglaufen. Es gibt Hunde, die vor allem und jedem Angst haben. Sie wurden nicht sozialisiert und es ist nahezu unmöglich, ihre Angst in den Griff zu bekommen. Andere Hunde sind kleine Sensibelchen, die sich alles zu Herzen nehmen. Diese Hunde benötigen einen klaren und geregelten Tagesablauf und einen souveränen Besitzer, der ihnen Sicherheit, Geborgenheit und Selbstvertrauen gibt. Hat Ihr Hund beispielsweise Angst vor Fremden, dann üben Sie mit ihm, Menschen kennen zu lernen:

- Sie bleiben freundlich und gelassen und halten Ihren Hund an der Leine. Unterhalten Sie sich ruhig und freundlich mit Ihrem Gegenüber.
- Ihr Hund wird keinesfalls getröstet oder gelobt, sobald er Unsicherheit zeigt. Auch wenn es merkwürdig klingt: Das tröstet ihn nicht, sondern weist ihn nur darauf hin, dass er allen Grund hat, ängstlich zu sein.
- Beachten Sie ihn gar nicht, bleiben Sie ruhig und gelassen und zeigen Sie sichtliche Freude, dass Sie die andere Person treffen durften.
- Die andere Person geht in die Hocke und sieht den Hund nicht direkt an.
- Mit ausgestreckter Hand füttert sie ihm ein paar Leckerchen. Nimmt der Hund sie an, kann die Person ihn für kurze Zeit ansehen.
- Funktioniert auch das, darf sie vorsichtig die Hand ausstrecken und den Hund streicheln.

Wichtig ist, dass der Hund in der Zeit des Vertrauensaufbaus nur positive Erfahrungen macht. Grapschende Hände, die aus dem Nichts auftauchen, Umarmungen, die ihn an einen Ringkampf erinnern, intensives Anstarren und bedrohliches Über-ihn-Beugen haben in dieser Trainingsphase nichts zu suchen. Sie würden das Band des Vertrauens zerreißen. Schützen Sie ihn vor solchen Situationen und strahlen Sie Souveränität aus.

Lärmphobie

Manche Hunde zeigen große Angst vor lauten Geräuschen. Das können Schüsse, Gewitter, Silvesterknaller oder der Schlagbohrer des Nachbarn sein. Hier hilft nur eins: Das Zauberwort heißt Desensibilisierung. Dabei wird der Hund in Minischritten an das Geräusch gewöhnt. Besorgen Sie sich eine Geräusch-CD oder nehmen Sie die Geräusche auf. Im nächsten Schritt spielen Sie das Geräusch im Nachbarzimmer ganz leise ab, während Sie Ihren Hund füttern. Es muss so laut sein, dass er es wahrnimmt, aber so leise, dass er keine Angst bekommt. Nach und nach erhöhen Sie die Lautstärke. Gehen Sie behutsam vor, damit er keinen Rückschlag erleidet. Zwischendurch sollten Sie es auch mal ohne Futterschüssel versuchen. Das machen Sie so lange, bis Sie bei der normalen Lautstärke angelangt sind. Funktioniert das gut, gehen Sie mit ihm in den Garten und spielen Sie die CD durchs Fenster ab. Da die Umgebung anders ist, schrauben wir die Ansprüche etwas zurück, lassen die CD leise laufen und steigern uns.

3

Aggressionen erkennen und vorbeugen

Aggressionen erschweren vielen Hundehaltern das Zusammenleben mit ihrem geliebten Vierbeiner und hinterlassen einen Knacks in der Mensch-Hund-Beziehung. Für Aggressionen gibt es viele Ursachen: Der eine Hund ist der Meinung, dass er sein Revier bis aufs Äußerste verteidigen muss. Der nächste kann den Briefträger partout nicht leiden, ein anderer wiederum will sein Frauchen nicht mit deren neuem Lebensgefährten teilen. Wieder andere sind unsicher und schnappen, weil sie sich in die Ecke gedrängt fühlen.

Arten der Aggression

Es gibt vielerlei Ursachen, die bei Hunden Aggressionen auslösen können. Aggression ist keine Krankheit, sondern ein ganz natürliches Verhalten, mit dem ein Tier seine Ressourcen (Nahrung, Territorium, Jungtiere etc.) oder sich selbst verteidigt. Schon knurren oder Lefzen Hochziehen ist ein Ausdruck von Aggression.

Ganz gleich, welche Beweggründe Ihr Vierbeiner hat, um in Rage zu geraten: In der heutigen Gesellschaft werden Hunde, die sich gegenüber Artgenossen oder gar Menschen aggressiv verhalten, nicht geduldet. Schon bei kleinen, ganz natürlichen Auseinandersetzungen zwischen Hunden wird der Ruf nach Maulkörben, Leinenzwang und Hundeführerschein laut. Daher ist es wichtig, dass Sie vorbeugen. Eine solide Sozialisierung, gute Erziehung, ausreichend Bewegung und Beschäftigung sowie liebevoll-konsequenter Umgang ist das Grundrezept für einen ausgeglichenen Vierbeiner.

Sollten dennoch erste Anzeichen von Aggression auftreten, bleiben Sie ruhig. Wenn Sie jetzt ebenfalls aggressiv werden, mit Ihrem Hund schimpfen oder ihn anderweitig zur Räson bringen wollen, baut sich eine Aggressionsspirale auf und der Hund geht am Ende auf Sie los. Überlegen Sie sich, wann die Aggression auftritt und welche Ursachen sie haben könnte. Suchen Sie anschließend einen professionellen Hundetrainer oder -therapeuten auf und lassen Sie sich helfen. Das Themengebiet ist so komplex, dass der Laie es oft nicht allein in den Griff bekommt.

Kinder und Hunde

Leider werden Kinder öfter von Hunden gebissen als Erwachsene. Das liegt auch daran, dass sie zu stürmisch auf Hunde zurennen, Ruheplätze nicht akzeptieren oder zu wild mit ihnen spielen. Bringen Sie Ihren Kindern frühzeitig bei, wie sie sich Hunden gegenüber korrekt verhalten, und zeigen Sie ihnen, wie sie die Hundesprache verstehen können. Vielleicht gibt es eine Kinderhundeschule in Ihrer Nähe, wo die Kleinen den Umgang mit Hunden lernen können. Meist sind die Kids viel talentierter, sich mit den Vierbeinern zu verständigen, wenn sie begriffen haben, worauf es ankommt. Manche Hunde sehen Kinder im Vergleich zu Erwachsenen oft als rangniedriger an und lassen sich nicht alles gefallen. Daher sollten Sie die Beiden nie unbeaufsichtigt lassen, damit Sie notfalls eingreifen können.

Auch der Umgang mit fremden Hunden will gelernt sein. Erklären Sie Ihren Kindern, dass Sie immer erst den Besitzer fremder Hunde fragen müssen, bevor sie ihn streicheln dürfen.

3

Was tun bei einem Kampf?

Treffen sich zwei Hunde, die sich nicht grün sind, wird kräftig gedroht: Knurren, Starren, hochgezogene Lefzen, aufgerichtete Nackenhaare. Es wird alles gezeigt, was man hat. Gibt keiner von beiden nach, kommt es zum Kampf. Bei Rüden geht es oft laut und wild her, ohne dass einer der beiden ernsthafte Verletzungen davonträgt.

Die Nackenhaare sind aufgestellt, um noch größer und gefährlicher zu wirken.

Die Ohren sind nach vorn gerichtet.

Die Zähne werden gezeigt, begleitet von einem zunehmend gefährlich klingenden Knurren.

ZUM ANGRIFF
Nachdem er versucht hat, seinen Gegner durch tiefes Knurren und gefletschte Zähne zu warnen, ist dieser Hund nun bereit, zum Angriff überzugehen.

Ursachen für Raufereien

Meistens bauen sich die Aggressionen gegenüber anderen Hunden langsam auf und wenden sich oftmals gegen bestimmte Hundegruppen oder gegen gleichgeschlechtliche Tiere. Der Ursprung liegt meistens in einer unzureichenden Sozialisation oder in Angst und Unsicherheit.
Der Hund droht, um den Artgenossen auf Distanz zu halten. Weicht der andere Hund zurück, lernt er, dass er mit seinen Drohungen Erfolg hat, und wird beim nächsten Mal massiver. Greifen dann die Besitzer schimpfend und wetternd ein, ist das meist der Auslöser, um anzugreifen. Vielleicht noch nicht bei diesem Mal, sondern bei der nächsten Begegnung.
Das Imponierverhalten unter Rüden wird oft von den Besitzern missverstanden und der Konflikt wird durch voreiliges Eingreifen geschürt.
Bei sehr dominanten Rüden kann eine Kastration helfen, die Aggressionen gegenüber Artgenossen abzumildern.

Einschreiten

Haben sich zwei Rüden in der Wolle, geht es meist mit viel Getöse ab, ohne dass sich die beiden ernsthaft verletzen. Am besten gehen die Besitzer weiter – jeder in seine Richtung – und ignorieren ihre Hunde, denn wenn sie stehen bleiben, schreien und schimpfen, fühlen sich die beiden angestachelt. Ist der Kampf noch nicht in vollem Gange und Sie gehen weg, verliert einer der beiden oft den Mut und wird seinem Besitzer folgen. Geht der Kampf bereits erbittert zu, müssen Sie handeln und die beiden Streithähne trennen. Passen Sie auf sich auf, denn das Risiko, von einem der Beiden gebissen zu werden, ist ziemlich hoch. Sprechen Sie sich mit dem Besitzer des anderen Hundes ab. Werfen Sie eine Jacke auf die Hunde und nutzen Sie den Schreckmoment, um beide Hunde gleichzeitig an den Hinterbeinen auseinander zu ziehen. Halten Sie Ihre Hunde fest und gehen Sie weg, um eine erneute Attacke zu vermeiden.

Leinenaggressionen

Hunde, die an der Leine sind, fühlen sich oft viel stärker als Hunde, die frei laufen und ihre Angelegenheiten selbst regeln müssen. Bellt oder knurrt der Hund und sein Gegenüber zieht sich zurück, fühlt er sich in seinem Verhalten bestärkt. Redet der Besitzer jetzt noch beruhigend auf ihn ein oder schimpft mit ihm, bestätigt ihn die zusätzliche Aufmerksamkeit nur in seinem Verhalten. Meistens zuckt man durch das Bellen des Hundes noch kurz zusammen. Verunsicherung und Verärgerung auf Besitzers Seite machen sich breit – und diese Stimmung wird wiederum auf den Hund übertragen. Wie Sie sehen, ein Teufelskreis. Um den Kreislauf zu durchbrechen, nehmen Sie Ihren Hund an die Schleppleine. Kommt ein Artgenosse, rufen Sie Ihren Hund zu sich und verlangen »Sitz« und Blickkontakt. Belohnen Sie ihn mit Leckerchen, wenn er Ihnen folgt. Nehmen Sie die Leine kurz und gehen Sie schnellen Schrittes an dem Kontrahenten vorbei. Ignorieren Sie sein Gehampel. Es ist nicht einfach, das Problem auszuschalten, doch wenn Sie immer alle Schritte einhalten, können Sie eine Besserung erwarten. Kommen sie nicht allein klar, fragen Sie einen Fachmann.

Dauerbellen abstellen

3

Einige Rassen wurden über Jahrhunderte gezüchtet, um Haus und Hof zu bewachen. Dazu gehörte, dass sie Alarm schlugen, wenn Gefahr drohte. Wächter oder nicht – einige unserer vierbeinigen Mitbewohner sind sehr mitteilungsbedürftig und kläffen den ganzen Tag vor sich hin. Das kann ganz schön auf die Nerven gehen, sowohl Ihnen als auch Ihren Nachbarn!

Sei still!

Manche Hunde haben einen Schutztrieb entwickelt. Sind sie im Garten und sehen ständig Menschen, Autos, Hunde oder Sonstiges auf der Straße, werden sie ihr Territorium bewachen und verteidigen wollen. Besonders Hunderassen wie Herdenschutzhunde und Hofhunde neigen dazu, jedermann durch Bellen anzukündigen beziehungsweise vertreiben zu wollen. Oftmals hilft es schon, die Hunde nur noch in den Teil des Gartens zu lassen, von dem sie keinen direkten Einblick auf die Straße haben. Auch ein Zaun, der ihnen den Blick versperrt, schafft erste Abhilfe. Auch wenn es paradox klingt: Bringen Sie Ihrem Hund bei, auf Kommando zu bellen. Ist er wieder still, führen Sie ein bestimmtes Signal wie »Still« oder »Ruhig« ein. Das üben Sie einige Male, bis er es verinnerlicht hat. Nun können Sie das Ruhesignal nutzen, um sein Bellen abzubrechen.

Manche Hunde bellen vor lauter Langeweile. Sie sind den ganzen Tag allein zu Hause und vertreiben sich ihre Zeit mit eigenen Spielchen. Lasten Sie Ihren Hund aus! Gehen Sie mit ihm spazieren, toben Sie mit ihm oder machen Sie Hundesport. Hat er eine große Runde hinter sich gebracht, wird er viel eher Ruhe geben, da er zufrieden und ausgeglichen ist, im Gegensatz zu einem Hund, der nicht ausgelastet wurde. Die meisten Probleme rühren heutzutage tatsächlich von Unterforderung und Langeweile her.

Das Bellverhalten

Für das Bellverhalten von Hunden ist hauptsächlich die selektive Züchtung verantwortlich. Rassen, die für Wachdienste gezüchtet wurden, wurden dazu ermuntert zu bellen, um vor Eindringlingen zu warnen. Aber auch viele unserer Hundezwerge haben sich das Bellen angeeignet, um Aufmerksamkeit zu erlangen. Ist man nämlich klein, wird man schneller übersehen, wenn man nicht rechtzeitig Bescheid sagt. Beugt Frauchen sich runter, damit der arme Schatz registriert, dass er nicht vergessen wurde, hat er seinen Willen bekommen. Das Kläffen funktioniert: Man wird beachtet und kann es jederzeit wieder einsetzen. Wird es zu nervig, hilft nur eins: Ignorieren! Die Nichtbeachtung wird seinen Ehrgeiz in den ersten Wochen steigern und er wird noch ausdauernder sein als zuvor. Eine Zerreißprobe für die Nerven aller Beteiligten, bis er endlich aufgibt!

KOMM, SPIEL MIT MIR

Dieser Kerl steht im Wasser und fordert sein Herrchen durch Bellen zum Spiel auf. Wahrscheinlich möchte er noch einmal ins Wasser springen, um das geworfene Stöckchen aus den Fluten zu fischen.

Leinenführigkeit – ganz ohne ziehen

Wer kennt den Anblick nicht? Der Hund rast würgend und keuchend voran, während Herrchen mit fast ausgekugeltem Arm am anderen Ende der Leine hängt. Damit die Spaziergänge nicht zur Blamage oder Schinderei werden, zeigen wir Ihnen, wie es richtig geht. Sie laufen gemütlich in Ihrem Tempo, während Ihr Vierbeiner an durchhängender Leine fröhlich neben Ihnen hertrottet. Das klingt doch schon wesentlich besser, oder?

Die Transportbox

Transportboxen können sehr praktisch sein, sei es für den Transport oder um den Hund zu Hause kurzfristig unterzubringen. Gewöhnen Sie ihn frühzeitig daran, sodass der Hund die Box als etwas Angenehmens empfindet. Zu Beginn lassen Sie die Box offen, legen eine bequeme Decke und sein Lieblingsspielzeug hinein. Setzen Sie sich daneben und locken Sie Ihren Vierbeiner in die Box, ruhig mit ein paar Leckerchen. Geht er rein, streicheln Sie ihn und loben ihn in höchsten Tönen. Er darf jederzeit die Box verlassen, doch draußen wird er nicht beachtet. So lernt er schnell, dass die Box etwas Tolles ist. Legt er sich rein, loben und streicheln Sie ihn. Wenn das klappt, können Sie hin und wieder die Tür für kurze Zeit schließen. Loben nicht vergessen! Bald wird er die Box als seine Höhle akzeptieren.

Das Ampelprinzip

Stellen Sie sich eine Ampel vor: Bei Rot bleiben Sie stehen, bei Grün dürfen Sie gehen. Einfach, oder? Nun wird das Ganze auf den Hund übertragen: Zieht er an der Leine, bleiben Sie auf der Stelle stehen und rühren sich keinen Millimeter vom Fleck. Gibt er etwas nach und die Leine lockert sich, gehen Sie weiter. Sobald er wieder zieht, anhalten usw. Wahrscheinlich stehen Sie bei Ihren ersten Spaziergängen mehr, als Sie vorankommen, doch das ist ganz wichtig, damit der Hund verinnerlicht, dass es bei Zug nicht weitergeht. Ziehen Sie halbherzig dagegen und gehen dennoch weiter, passiert der gegenteilige Effekt. Der Hund lernt: Wenn ich mich kräftig anstrenge und noch mehr ziehe, geht es weiter. Und das wollen wir wirklich nicht. Denken Sie an die grinsenden Mitmenschen, den schmerzenden Arm und an Ihren Hund, dem das Gezerre ganz schön auf die Halswirbelsäule geht. Auch wenn Sie sich die ersten Tage kaum von der Stelle rühren: Es lohnt sich, wenn Sie konsequent durchhalten!

WILL NICHT MIT
Manchmal bedarf es auch ein wenig Überredungskunst, um den Hund mit sich zu locken, zum Beispiel auf dem Weg zum Tierarzt. Dieser hier folgt seinem Spielzeug, wenn auch nur zögerlich.

Auf zum Tierarzt!

Der Weg zum Tierarzt ist nicht immer der angenehmste für den Hund, besonders wenn er eine Behandlung hinter sich hat, die etwas wehtat. Die meisten wollen nicht zur Praxis gehen und legen den Rückwärtsgang ein, sobald sie in die Nähe kommen. Liegt die Praxis bei Ihnen um die Ecke, wählen Sie die Route doch auch ab und zu für Ihre Spaziergänge. Gehen Sie an der Praxis vorbei, sagen Sie auch mal den netten Tierarzthelferinnen Hallo. Vielleicht regnet es gerade und Sie setzen sich fünf Minuten ins Wartezimmer, bis der Schauer aufgehört hat. Geben Sie Ihrem Hund ein Leckerchen und gehen Sie wieder. Bald findet er die Praxis nicht mehr so schrecklich.

Zerstörungswut

Manche Hunde hätten das Talent zu einem Schredder: Sie kauen auf allem herum, was sie zwischen die Zähne bekommen, und versehen es mit einem schicken Perforationsmuster. Besonders Welpen erproben ihre spitzen Beißerchen an allem, was ihnen unter die Pfoten kommt: Das Knabbern hilft ihnen beim Zahnen und sie wissen noch nicht, was sie benagen dürfen und was nicht. Sorgen Sie dafür, dass sie ausreichend Hundespielzeug zur Verfügung haben, und stellen Sie alles andere, was Ihnen lieb und teuer ist, außer Reichweite.

Kaubedürfnisse

Welpen haben das Bedürfnis, zu nagen, besonders im Alter von etwa fünf Monaten, wenn sich die festen Zähne aus dem Kiefer schieben, um die Milchzähnchen zu ersetzen. In dieser Zeit kann dem Kleinen einiges zum Opfer fallen, wenn Sie nicht aufpassen: Stuhl- und Tischbeine, Schuhe, Zimmerpflanzen und so weiter.

Um Schaden zu vermeiden, sollten Sie alles außer Reichweite verstauen, was Ihnen am Herzen liegt, vor allem wenn Sie den Welpen eine Zeit lang unbeaufsichtigt lassen müssen. Damit er keinen Unfug machen kann, beugen Sie vor:

- Stellen Sie ihm Spielzeug zur Verfügung, auf dem er herumkauen darf.

DAS LIEBLINGS-SPIELZEUG
Es gibt eine große Auswahl an Spielsachen, auf denen ein Welpe gern herumkaut.

Lieblingsspielzeug

Seit einiger Zeit kann man so genannte Futterbälle im Zoofachhandel kaufen. Das sind kleine Bälle, die mit Löchern versehen sind. Man kann die Bälle mit kleinen Leckerchen bestücken. Schubst der Hund sie mit der Nase, rollen die Bälle und verlieren nach und nach die begehrlichen Happen. Hat Ihr Hund das Spiel begriffen – und das geht meist sehr schnell –, wird der Futterball sicher rasch zu seinem Lieblingsspielzeug auserkoren. Sie können auch das Loch eines Kongs mit etwas Leberwurst bestreichen. Das macht das Spielzeug besonders attraktiv und beschäftigt ihn ein Weilchen, bis er die Leberwurst aus dem hintersten Winkel geschlabbert hat. Welcher Hund interessiert sich denn da noch für Zimmerpflanzen oder Schuhe?
Kauknochen dienen auch zum Langzeitnagen und sind eine gute Alternative, um dem Hund die Zeit zu vertreiben.

- Spielen Sie vorher mit ihm oder gehen Sie eine kleine Runde spazieren. Dann ist er müde und wird sich eher aufs Ohr legen, anstatt neuen Unfug auszuhecken.
- Sie können ihn auch an eine Box gewöhnen (siehe Seite 118), in der Sie ihn in Zeiten Ihrer Abwesenheit einsperren können. Das setzt allerdings voraus, dass der Welpe die Box bereits als »seine Höhle« akzeptiert hat und gern hineingeht.
- Achten Sie darauf, dass nichts mehr in der Nähe ist, woran sich der Kleine verletzen könnte. Spitze Gegenstände, Putzmittel aller Art, Stromkabel sollten immer jenseits seiner Reichweite aufbewahrt werden.

Hat er doch mal Ihre Lieblingsschuhe zu fassen bekommen, bleiben Sie gelassen. Sie können sich damit trösten, dass auch er mal erwachsen und »vernünftig« werden wird. Und wer kann so einem tapsigen kleinen Burschen schon lange böse sein?

Mit älteren Hunden leben

Auch Hunde kommen in die Jahre. Sie schlafen mehr, wollen kürzere Spaziergänge und haben nicht mehr ganz so viel Lust zu spielen. Auch Ihre Sinne schwinden: Grauer Star und Schwerhörigkeit sind bei Hundeomas und -opas keine Seltenheit und sie können etwas »schrullig« werden. Nehmen Sie Rücksicht auf Ihren vierbeinigen Rentner und passen Sie Ihr Leben seinen Bedürfnissen an. Regelmäßige Tierarztbesuche helfen, Zipperlein vorzubeugen und ihn fit zu halten.

Sich anpassen

Große Hunde altern oftmals schneller als die kleinen. Ihr betagter Freund wünscht jetzt etwas mehr Ruhe. Lärm und Trubel, aufdringliche Welpen und kleine Kinder gehen ihm auf die Nerven. Bei Spaziergängen bevorzugt er mehrere kleine Runden, damit er seine Blase regelmäßig entleeren kann und sich nicht überanstrengen muss. Ein kleines Spiel ab und zu ist in Ordnung, aber er wird nicht mehr so spielbegeistert sein wie früher. Da sein Bewegungsdrang abnimmt, der Appetit jedoch ungebremst ist, sollten Sie darauf achten, dass er keine Speckröllchen um die Hüften bekommt, denn Übergewicht belastet die Gelenke und das Herz-Kreislauf-System. Inzwischen gibt es schon jede Menge Seniorenfutter, das speziell auf die Bedürfnisse älterer Hunde abgestimmt ist.

▸ Die meisten älteren Hunde bekommen Gelenkprobleme. Die Arthrose zwackt in den Hüftgelenken und macht das Aufstehen schwerer. Nehmen Sie Rücksicht auf Ihren Hund. Vielleicht müssen Sie ihn ein Stückchen die Treppe hochtragen oder ihm ins Auto helfen, da er nicht mehr so schwungvoll reinhüpfen kann wie früher.

▸ Regelmäßige Kontrollen beim Tierarzt helfen, Krankheiten vorzubeugen oder diese frühzeitig zu erkennen. Leidet Ihr Hund unter entzündeten Gelenken, kann der Arzt ihm Schmerzmittel verschreiben, um sein Leiden zu mildern. Inzwischen gibt es auch allerhand naturheilkundliche Mittel, die gegen die Zipperlein helfen.

▸ Seien Sie nachsichtig, wenn er nicht gleich zu Ihnen kommt, wenn Sie rufen. Wahrscheinlich hört er schlecht und es dauert eine Zeit, bis er zu Ihnen kommt.

▸ Die Kontrolle über Blase und Darm kann auch ein wenig nachlassen. Schimpfen Sie nicht, wenn er in die Wohnung macht.

Ihr Weggefährte braucht viel Aufmerksamkeit und liebevolle Zuwendung. Vernachlässigen Sie ihn nicht, nur weil er ins Alter gekommen ist.

Der letzte Weg

Schlecht sehen, weniger hören und ein Zwacken in den Gelenken gehören zum Altern dazu – sowohl beim Menschen als auch beim Tier. Nehmen Sie Rücksicht, verbringen Sie Zeit mit Ihrem Hund und gestalten Sie seinen Lebensabend so angenehm wie möglich. Doch manchmal geht es nicht mehr. Der Hund leidet unter starken Schmerzen, sein Zustand hat sich sehr verschlechtert und der Tierarzt sieht keine Möglichkeit mehr, ihm zu helfen. Das ist der Tag vor dem jedem Hundehalter graut. Doch wenn Sie ihn wirklich lieben, fassen Sie sich ein Herz und treffen den Entschluss, Ihren Hund einschläfern zu lassen. Das erspart ihm den Leidensweg und geschieht für ihn völlig schmerzlos, da er zuvor betäubt wird. Sprechen Sie mit Ihrem Tierarzt. Er kommt sicherlich zu Ihnen nach Hause, sodass Sie Ihrem Vierbeiner einen letzten Praxisbesuch ersparen.

ÄLTER WERDEN
Eine Verschlechterung der Sinne ist im Laufe der Jahre unvermeidlich und so ist der Hund auf Ihre Hilfe angewiesen. Die Sehkraft dieses Hundes ist aufgrund von Grauem Star stark beeinträchtigt.

Service

Zum Weiterlesen

Bailey, Gwen: **Was denkt mein Hund?** Hundeverhalten auf einen Blick. Kosmos, Stuttgart 2005.

Blenski, Christiane: **Hunde erziehen, ganz entspannt.** Kosmos, Stuttgart 2005.

Bloch, Günther: **Der Wolf im Hundepelz.** Hundeerziehung aus unterschiedlichen Perspektiven. Kosmos, Stuttgart 2004.

Coren, Stanley: **Die Geheimnisse der Hundesprache.** So lernen Sie Ihren Hund verstehen und mit ihm zu kommunizieren. Kosmos, Stuttgart 2002.

Durst-Benning, Petra und Carola Kusch: **Der große Spiele-Spaß für Hunde.** 60 Spiele für drinnen und draußen. Kosmos, Stuttgart 1997.

Führmann, Petra und Iris Franzke: **Erziehungsprobleme beim Hund.** Verhaltensprobleme verstehen und lösen. Kosmos, Stuttgart 2004.

Führmann, Petra und Nicole Hoefs: **Erziehungsspiele für Hunde.** Kosmos, Stuttgart 2002.

Harries, Brigitte: **Ein Welpe kommt ins Haus.** Kosmos, Stuttgart 2002.

Harries, Brigitte: **Hundesprache verstehen.** Kosmos, Stuttgart 1998.

Harries, Brigitte: **Kenne ich meinen Hund?** Kosmos, Stuttgart 2004.

Hoefs, Nicole und Petra Führmann: **Das Kosmos-Erziehungsprogramm für Hunde.** Kosmos, Stuttgart 1999.

Jones, Renate: **Welpenschule leichtgemacht.** Kosmos, Stuttgart 2002.

Kejcz, Yvonne: **Hundehaltung.** Kosmos, Stuttgart 2001.

Krämer, Eva-Maria: **Der neue Kosmos-Hundeführer.** Kosmos, Stuttgart 2002.

Nijboer, Jan: **Hunde verstehen mit Jan Nijboer.** Kosmos, Stuttgart 2004.

Pietralla, Martin und Barbara Schöning: **ClickerTraining für Welpen.** Kosmos, Stuttgart 2002.

Pietralla, Martin: **Clickertraining für Hunde.** Kosmos, Stuttgart 2000.

Rauth-Widmann, Brigitte: **Mit Hunden spielen.** Kosmos, Stuttgart 2005.

Schöning, Barbara: **Hundeprobleme erkennen und lösen.** Kosmos, Stuttgart 2005.

Schöning, Dr. Barbara, Nadja Steffen und Kerstin Röhrs: **Hundesprache.** Kosmos, Stuttgart 2004.

Theby, Viviane: **Das Kosmos-Welpenbuch.** Entwicklung und Auswahl, Eingewöhnung und Welpenschule. Kosmos, Stuttgart 2004.

Theby, Viviane: **Hundeschule.** Kosmos, Stuttgart 2002.

Whitehead, Sarah: **Das Hundebuch für Kids.** Kosmos, Stuttgart 2002.

Winkler, Sabine: **Hundeerziehung.** Kosmos, Stuttgart 2000.

Winkler, Sabine: **Hundeschule leicht gemacht.** Kosmos, Stuttgart 2004.

Nützliche Adressen

Deutschland
Verband für das Deutsche Hundewesen VDH e.V.
Wetfalendamm 174
D-44141 Dortmund
Tel.: 0231-56 50 000
Fax: 0231-59 24 40
Info@vdh.de
www.vdh.de

Österreich
Österreichischer Kynologenverband ÖKV
Siegfried-Marcus-Str. 7
A-2362 Biedermannsdorf
Tel.: 02236-71 06 67
Fax: 02236-71 06 67 30
office@oekv.at
www.oekv.at

Schweiz
Schweizerische Kynologische Gesellschaft SKG
Länggasstr. 8
CH-3001 Bern
Tel.: 031-3 06 62 62
Fax: 031-3 06 62 60
sgk@hundeweb.org
www.hundeweb.org

Register